河北大运河文化图谱（下部）

衡水卷

U0863408

河北大运河文化图谱

衡水卷

（下部）

宋少俊　张浩然　杜浩　编著

HEBEI
DAYUNHE
WENHUA TUPU
XIABU
HENGSHUI JUAN

河北大学出版社
·保定·

河北大运河文化遗存调研点全图

前言

党中央、国务院高度重视大运河文化保护、传承、利用，习近平总书记多次发表重要讲话、做出重要指示，强调“大运河是祖先留给我们的宝贵遗产，是流动的文化，要统筹保护好、传承好、利用好”。河北省委、省政府坚决贯彻落实总书记指示精神，多次召开省委常委会、专题会进行研究部署，深入沧州、廊坊等地实地调研，指出规划建设大运河文化带既是一项重要的政治任务，也是保护历史文化、改善生态环境、推动高质量发展的宝贵机遇，必须坚定不移落实到位。2021年，河北省在政府工作报告中提出，要加强文物资源发掘和保护，推进长城、大运河国家文化公园建设。国家、河北省对运河文化保护、传承、利用的指导意见，为我们开展河北大运河文化遗存调研工作提供了遵循。

大运河萌芽于春秋，形成于隋代，兴盛于唐宋，取直于元代，疏通于明清，是世界上里程最长、工程最大的古代运河，也是最古老的运河之一，与长城、坎儿井并称为中国古代的三项伟大工程。滔滔奔流2500多年，纵贯南北1747公里，沟通海河、黄河、淮河、长江、钱塘江五大水系，流经北京、天津、河北、山东、河南、安徽、江苏、浙江等8个省市，不仅是古代中国连接南北方的水路大动脉，还是一条流动的文化之河，是中华民族活着的、流动的精神家园。大运河河北段主要包括北运河、南运河、卫运河、卫河及永济渠遗址，并包括按照国家规划统一纳入的雄安新区白洋淀与大运河连通部分，河道总长530余公里，流经廊坊、沧州、衡水、邢台、邯郸及雄安新区五市一区的21个县（区、市）。

由河北省发展和改革委员会与河北大学共建的河北省大运河文化产业研究院于2021年6月成立，研究院为赋予大运河文化更具时代特征的传播展示路径，做大做强大运河这一中华文化重要标识，推动创造性转化和创新性发展，探索新时代文物和文化资源保护、传承、利用新路，延续壮美运河的千年神韵，深入挖掘河北大运河文化内涵，获得大运河沿线文化遗存现状的真实资料，特编纂《河北大运河文化图谱》。河北省大运河文化产业研究院前期调研课题组，实地考察走访了大运河河北段相关重点流经区域，调查整理相关文字、图片资料，为《河北大运河文化图谱》的编纂提供了扎实的一手数据。

衡水市
开福寺舍利塔
华家口夯土险工
卫运河·故城段
郑口挑水坝
十二里庄天主堂

河北大运河·衡水段概况简介

卫运河原为漳河故渎，也为黄河故道，九河下梢，河汊众多，后经历代人工开凿，逐渐演变形成。衡水段运河位于衡水市市境东部与沧州市、山东省德州市交界处，从故城县南部辛堤村入境，流经故城、景县、阜城3县，全长179.05公里（其中，故城县75.2公里，景县73.2公里，阜城县30.65公里）。

河北省大运河文化产业研究院课题组走访调研了衡水境内大运河文化遗存采集点5处，分别为卫运河·故城段，沿线郑口挑水坝、华家口夯土险工、开福寺舍利塔、十二里庄天主堂，搜集资料现汇编成册，以供查阅。

目录

卫运河·故城段

第一部分　文化遗产立档表

卫运河·故城段		
档案号：HS001		建档时间：2022 年 2 月
编号	项目	内容
1	级别认定	世界文化遗产
2	保护单位	河北省衡水市
3	简介	衡水境内流经的大运河主要由卫运河和南运河组成，全长 179.05 公里，其中卫运河 64.1 公里，属漳卫南运河系，故城县内称“卫运河”。卫运河原为漳河故渎，也为黄河故道，九河下梢，河汉众多，后经历代人工开凿，逐渐演变形成。秦汉以前称定王河，汉代称屯氏河、屯氏别河，也称清河。隋代开凿为永济渠，自隋代至元代称御河，元代时为京杭大运河组成部分。明代称漕河，因发源于春秋战国时期的卫国，又称卫河。清代以后，对天津以北运河而言，自天津以南至山东省临清段称南运河，至 1946 年始有卫运河之名。自河道上兴建四女寺水利枢纽（位于衡水市故城县夏庄镇河北涯村）后，四女寺以南（上游）称卫运河，以北（下游）称南运河。 大运河（故城）国家文化公园，全长约 10 公里，以有着“运河第一湾”之称的故城运河郑口核心段为故城大运河文化带的近期建设工程，致力于打造大运河国家文化公园示范段。
4	文化遗产类型	物质文化遗产 / 运河本体类
5	图录精粹索引	A- 全貌 ……………………（A-1 ～ A-5） B- 局部 ……………………（B-1 ～ B-5） C- 其他 ……………………（C-1 ～ C-7）

A- 全貌

第二部分　文化遗产图录精粹

A-1　卫运河·故城段鸟瞰

A-2 卫运河·故城段鸟瞰

A-3 卫运河·故城段鸟瞰

A-4　卫运河·故城段鸟瞰

A-5 卫运河·故城段鸟瞰

B- 局部

B-1　河道

B-2　河道

B-3　河道

B-4　河道

B-5 河道

C- 其他

C-1　大运河（故城段）文保碑（正面）

C-2　大运河（故城段）文保碑（反面）

C-3　世界文化遗产标注碑（正面）

C-4　世界文化遗产标注碑（反面）

C-5　故城运河文化展览馆

C-6　故城大运河国家文化公园鸟瞰

C-7　故城大运河国家文化公园鸟瞰

第三部分　文化遗产研究报告

水路要冲
——卫运河·故城段

一、历史文献记载

衡水是一座因水而得名的城市，“衡水”之名源于“漳水横流”之意。衡水境内大运河位于市境东部与沧州、德州交界处，衡水段运河从故城县南部辛堤村入境。卫运河、南运河的前身为清河，为先秦黄河决流而成。经历代整治维护，才逐渐发展成为现代地理态势。今天的故城县城驻地郑口，历史上是南北水路要冲，《故城县志》载：“前抱武城，后临广川，东交齐鲁，西接保真。燕齐交壤，旁临御河。数十万之岁运，及冠盖之舳舻，上下旁午，直抵天津。”

历史上，卫河、卫运河、南运河是一条河。东汉建安九年（204年），曹操“遏淇水入白沟，以通粮道”，卫河、卫运河始见雏形。后卫运河与上游的卫河、下游的南运河曾统称卫河，它是由古代清河、屯氏河、白沟、永济渠演变而来的，并且与黄河的变迁有密切关系。《畿辅安澜志》载：“卫河，古清、淇二水所导也，汉为白沟，亦曰宿胥渎，隋为永济渠，宋元曰御河，明曰卫河。”卫运河的名字出现在漳河1942年于馆陶入卫后，据查，1946年解放区冀南卫运河河务局成立，它是最早使用卫运河名称的单位。

卫运河在战国时称为清河或清水。《水经注》载：“清水出河内。修武县之北黑山。”“其水历涧飞流，清泠洞观，谓之清水矣。”“东北过获嘉县北，又东过汲县北，又东入于河。”“东过内黄县南，又东北过馆陶县北。”“又东北过广宗县东，又东北过武城西，又北过广川县东，又东北过东光县西。”汉代称屯氏河，《辞海》（1999年版）载：“屯氏河，黄河下游故道之一。西汉元封后，黄河北决于馆陶，分为屯氏河，东北流至章武入海。”隋炀帝时开永济渠，一部分是利用屯氏河故道修浚而成。卫运河在东汉末年称白沟。

《辞海》(1999 年版)载:“原为大河(即黄河)故道,在今河南浚县西,由宛水分部分淇水为源,东北流下接内黄以下古河。水流微弱。东汉建安九年(204 年)曹操将进攻袁尚,在淇水入黄河处下大枋木为堰,遏淇水入白沟以通粮道。此后上起枋堰,下至河北威县以南的清河,皆被称为白沟,成为河北地区的水运干道,至隋炀帝后才为永济渠所代替。”

卫运河在隋唐时期为永济渠的一段。据《故城县志》《景县志》《阜城县志》载:“隋大业四年(608 年)隋炀帝诏发河北诸郡男女百余万,开南起洛阳北至涿郡之永济渠。”卫运河在宋元时称御河。《辞海》(1999 年版)载:“宋元时代所谓‘御河’专指今河南、河北境内的卫河,即隋所开永济渠的一部分。”宋庆历八年(1048 年)黄河从澶州高胡北决,曾夺御河入海。元代开凿京杭大运河,其中会通河在临清入卫河,当时将会通河称漕河,将御河称卫河。明代仍沿用这一称谓。据《阜城县志》记载:“明嘉靖十年(1531 年)修复决堤兴济二闸,以石甃之,时其蓄泄,以杀水势。”清代将临清至天津一段称南运河,临清以上称卫河。清光绪二十六年(1900 年)漕运停止,运河河道逐年淤塞,河防失修。民国时期,运河“沿河堤埝初系民修,官厅命曰民业堤,每次春修抢险均归人民经营,专司河务之河务局,向不过问”。1947 年,中国共产党冀南行署领导组织群众对运河进行了清理,裁直河弯,培高堤埝,免除险工。1949 年后,修建四女寺枢纽,将徐万仓至四女寺一段,称卫运河。

故城段运河河道河床坡度平缓,河道多弯曲。卫运河河床为蜿蜒复式断面,系半地上河,主要依靠堤防束水行洪。1949 年后,当地政府组织沿河人民群众对运河进行了重点治理维修,再次扩大河槽,切河滩,裁河弯,有效地防止了运河水患,保护了人民群众的生命财产安全。

二、相关传说

1.“马猴子”传说

隋炀帝时征发民工百余万人,并命将军麻祜督工开运河。麻祜字叔谋,是隋朝的一个将军。此人性情暴戾,长着络腮胡子,相貌凶恶,对稍有懈怠的工人非打即骂,轻者一顿皮鞭,重者刀下毙命。河工们背后都叫他麻胡子,更有甚者相传麻祜因吃人而臭名昭著。据说有个财主家的祖坟靠近河道,害怕挖河时被发掘,就偷了一个三四岁的男孩,杀死后砍掉头和脚,蒸熟装入食盒献给麻祜。麻祜吃着这肉香美异常,十分满意,就下令让河道在经过这家坟地时绕了个弯儿。财主对麻祜感恩不尽,继续偷盗小儿蒸熟献给麻祜来讨赏。一时,附近村庄接连丢失小儿达数百名,到处可以听见失去孩子的母亲的哭声。于是,当地凡是有小孩的人家,都特制一个大木柜,用铁皮裹缝,夜里就把小孩藏在柜中,用大锁锁牢,而且全家人点着蜡烛值班看守。即使如此,丢失小儿的事件仍然不断发生。后来麻祜被人告发,朝野震惊,隋炀帝派大将将其逮捕,以“食人之子、受人之金、遣贼盗宝、擅易河道”

等罪名将其腰斩，财主也同时正法。久而久之，“童稚语不正”，就把“麻胡子”叫成了“马猴子”。故城段卫运河开凿于元代，把隋代麻胡子的传说引申过来，透露出当时百姓对元朝官府暴力征夫、拉捐派税的痛恨。

2.“御河沉书”的传说

在故城县南部一带村庄还盛传着圣人王道的故事。王道字纯甫，号顺渠，原籍今故城县建国镇西冯村，今故城县曹口村王氏有他的后裔。王道少时才华出众，记忆超群，读书一目十行，过目成诵，被称为神童。他23岁初选翰林院庶吉士，后为南京国子监大教授。明嘉靖二十一年（1542年），王道擢升礼部侍郎兼国子祭酒，与严嵩同朝为官，以正义斗邪恶，多次设计击败严氏父子。嘉靖二十九年，王道受皇帝之命，由水路乘船去江南运太子和国子监学生学习用的书籍。船只经由大运河从南京回北京途中，王道坐在船上看书，为了减少船载重量，加快行进速度，他每看完一本就往河里扔一本，及至到了北京，所载书籍几乎被他扔光了。皇帝闻听龙颜大怒，质问王道书在何处，王道不慌不忙，拍拍肚子说：“全装在这儿。”皇帝不信，让他当场背诵几篇，竟然只字不差。王道又说，他不仅能逐篇背出口，还能背写下来。遂提起笔来把那些扔掉的书籍内容一字不落地背写出来。皇帝转怒为喜，说：“王爱卿真乃吾朝圣人也！”于是，“圣人”王道的名字即传播开来。王道因看不惯朝廷内部的明争暗斗，之前曾两次告归故里，这次借机又提出致仕的请求，得到皇帝恩准。其第三次告归故里长达13年，在家中讲学，桃李满天下。

三、遗产现状调研

近年来，故城县深入挖掘运河文化内涵，全力做好文化资源梳理工作，加强运河历史文化遗迹保护，坚持以文塑旅、以旅彰文，深入推动文化和旅游融合发展，致力于建设集“生态保护与利用、文化传承与创新、产业转型与升级、乡村振兴与城市更新”于一体的运河明珠城市。2017年，故城县抓住大运河文化带建设机遇，谋划建设了一批大运河文旅产业项目，让古老的运河重新焕发生机。2020年，第四届衡水旅发大会在景县、故城县、阜城县举办，在大运河旅游片区，故城县围绕"运河第一湾"，重点打造了大运河（故城）国家文化公园、大运河历史文化街区、中国（故城）大运河博物馆等重点文旅项目。

故城县为提高大运河故城段在运河全线的知名度和关注度，邀请中国水利史研究专家进行了实地考察，对大运河故城段进行全方位推介。故城县依托75.2公里大运河，突出"文化"和"旅游"两大要素，实施"一带、两廊、三小镇、三主三副六组团、多点"布局，组织县内专家学者挖掘梳理各类文化遗迹、水利遗产70多项，总结提炼故城大运河丰富内涵和文化定位，彰显大运河故城段在运河全线的独有特点。随着大运河（故城）国家文化公园的建成，故城段已经为河北大运河目前生态保护较为良好、文旅业态相对丰富的特色河段，不负"运河第一湾"郑口核心段之美誉。

四、文化价值探究

衡水段运河是大运河的重要组成部分。运河上曾有大量的渡口、船坞、码头、纤铺，如郑口、安陵、大龙湾、连镇、码头等都是与河共存、因河得名的，这些名称也一直沿用至今。运河的开凿贯通不仅促进了衡水沿岸城镇村落的形成和经济的发展，而且进一步推动了地方文化的发展，丰富了运河区域文化内容。故城运河文化展览馆馆内上层的图文展示、实物陈列和下层的运河风物展示、现代农业旅游展示几大板块，将大运河故城段75.2公里的历史文化和风貌一一展现在人们面前；馆内陈列的旧渔船、鱼篓子、旧蓑衣和出土的船钉及明清瓷片、陶器等展品，是运河漕运文化、农耕文化、民俗文化、饮食文化的活化石，向参观者讲述着运河的往昔。另外，对今天的故城县来说，文旅融合的新型业态，为故城大运河旅游高质量发展带来了前所未有的机遇。文旅融合，让千年大运河"活"了起来，当地的运河文化因旅游而兴盛。

运河两岸拥有大量宝贵的文化遗产，随运河一同流淌千百年的还有历史文脉。如今对于大运河文化保护的传承和利用已得到充分重视，每一段运河所在地也有着地区的特殊性，大运河文化带是多彩多样的。对故城段运河的保护和传承是在大运河文化带上延续故城当地特色文化的新方式。

郑口挑水坝

第一部分　文化遗产立档表

郑口挑水坝		
档案号：HS002		建档时间：2022 年 2 月
编号	项目	内容
1	级别认定	全国重点文物保护单位
2	保护单位	河北省衡水市
3	简介	郑口镇河道处在大运河转弯处，水深流急，常常漫堤决口，给周边带来水患灾害。最开始，当地居民使用柳树护堤。一般 10 棵柳树为一捆，倒挂堤内以防河水冲刷堤根，倒挂场景十分壮观，柳树水中倒挂颇像龙尾，被称为“龙尾埽”。据《故城县志》记载，清道光二十三年（1843 年），郑口至徐庄修龙尾埽 195 丈（650 米）。 现存郑口挑水坝共有 6 处，都是在明、清险工基础上重新修葺的。郑口险工 6 处重力挑水坝位于郑口镇郑口大桥西侧，全长约 910 米（根据衡水市政府公布的保护范围，为两侧挑水坝外皮基线各向上、下游 10 米）。挑水坝呈倒“U”型分布在河堤内侧，主要作用是减缓水流冲击力。6 处挑水坝迎水面呈不同形状，起不同作用，具有极高的历史文化价值，是研究中国近代史和中国近现代水利工程不可多得的实物资料。
4	文化遗产类型	物质文化遗产 / 水利设施类
5	图录精粹索引	A- 全貌 ························（A-1 ～ A-4） B- 局部 ························（B-1 ～ B-7） C- 其他 ························（C-1 ～ C-4）

A- 全貌

A-1　郑口挑水坝

第二部分　文化遗产图录精粹

A-2　郑口挑水坝

A-3 郑口挑水坝岸堤

A-4　郑口挑水坝岸堤

B- 局部

B-1　堤坝

B-2 堤坝

B-3 石桩

B-4　岸堤

B-5　岸堤

B-6 岸堤

B-7 岸堤

C- 其他

C-1　郑口挑水坝文保碑

C-2　郑口挑水坝简介碑

C-3　郑口险工石碑

C-4　郑口运河险工石碑

第三部分　文化遗产研究报告

抑息狂澜
——郑口挑水坝

一、历史文献记载

郑口镇原名郑家口，据传在元末明初，有一郑氏在此处运河上设摆渡口，因此而得名，简称郑口。郑口南接临清，东下德州，背负富饶的华北大平原，优越的地理位置使该处成为重要的水路要衢。尤其明清及民国时期，郑口运河中舳舻相继、帆樯如林，船工和纤夫的号子此起彼伏，那时是郑口最繁荣的时期。

大运河流经故城县郑口镇时，出现一处长约 2.5 公里、接近 180 度的大拐弯，号称“运河第一湾”，这里有着丰富的物质文化遗产和非物质文化遗产。明清以来，为了便于水运、减少水患，历代官员来此任职总想把大拐弯取直，都被当地百姓拒绝。因为大拐弯为故城郑口镇从普通村镇发展为运河商贸重镇提供了便利，是当地百姓心中的“吉祥湾”。据记载，早在清中叶之前，郑口已经有大量外地资本涌入，那时就具有了四方辐辏的大市镇雏形。清代贾如玺《南埠商舻》诗云：“何事人烟聚此都，飞帆衔尾集商舻。构成贸易通功市，写出升平辐辏嵞。稳泛三更樯带月，安眠一枕岸啼乌。闲来不阻登临兴，句满奚囊酒满沽。”到清中后期，郑口已发展成为规模可观的较大集镇。《故城县志》记载，清道光十二年（1832 年），“汰巡检移县丞驻郑镇”，可见当时的繁华程度。[1]

1.《郑口古渡焕新颜》，2020 年 5 月 15 日，http://he.people.com.cn/n2/2020/0515/c192235-34019749.html，2022 年 8 月 10 日。

但“吉祥湾”由于弯急流大，左岸河堤遭受严重的水流冲击，极易发生决口溃坝危险。从明代开始就对其进行治理，最早使用柳树护堤。清光绪年间，故城人在河道左岸种植了一排排柳树，每逢大水来临，当地官员命人将柳树从根部锯倒，巨大的树冠横躺河中，树与树之间再充填成捆的秸秆，起到拦水减速作用，这些柳树被称为扫洪柳，成捆的秸秆称为“埽”。

锯树也有讲究，要拿捏好“藕断丝连”的分寸，既不能彻底锯断，否则树冠会被水冲跑，还要保证树冠能倒下，真正发挥挡水作用。扫洪柳处在“运河第一湾”的尾部，百姓故称此湾为龙形湾。一般10棵柳树为一捆，因柳树倒挂堤内转弯处，很是壮观，颇像龙尾，故又把扫洪柳称为“龙尾埽”。《故城县志》记载，清道光二十三年，“郑口镇农民修筑龙尾埽一百九十五丈”，这应该是郑口人民修建运河险工的最早记载。该段堤防历代虽有修整，但多为临险抢修，行洪能力差。据《故城县志》记载，清乾隆二年（1737年）至1949年，该河道共发生洪灾27次。

自清光绪二十三年（1897年）到1947年，历代官府在左岸河堤薄弱处共修建了6个集厚重与锋锐于一身的重力挑水坝。6座挑水坝两两间隔几十米，从南向北分布在大运河左堤，坝体形状呈倒“U”型，向河道一侧凸出，像巨大的桥墩。间隔排列的堤坝可配合发挥作用，故城县文物管理所所长姜玉岭比喻凸出的堤坝，就像迎着水势打出去的“拳头”，直接消减水势。6座挑水坝因所处地理位置不同而形状各异，选址和造型不是随意而为，都是根据水势、流速情况而筑，能够起到最佳减缓水速效果。6座挑水坝合力减缓水速，可以遏制住肆虐的洪水。挑水坝主体由黄土、白灰、糯米汤搅拌夯实，外层砌筑两层青砖，青砖上刻有1至14尺水位刻度。糯米汤有黏性，遇水膨胀、紧实，水侵不进，可使堤坝不会发生管涌溃坝。因此，挑水坝历经百年仍保存完好。

二、遗产现状调研

2011年，河北省8处遗存入围京杭大运河申遗项目的申遗点名单，郑口挑水坝是其中之一，郑口挑水坝成为国家级重点文物保护单位，经过修缮维护，已恢复其原有古朴面貌。依托全国重点文物保护单位郑口挑水坝，衡水市打造了大运河历史文化风情街区，恢复建设山西会馆、卫阳楼等历史建筑，还原古街、古院、古渡口，再现昔日“小天津卫”的繁荣景象。2021年，河北省故城县文保部门在大运河故城段郑口挑水坝进行构造勘探时发现一段10余米长、2米宽的民国时期码道。码道是运河大堤上连接码头的道路。此次勘探也基本探明了郑口挑水坝的构造以及挑水坝与运河的关系，明确了挑水坝的作用是减缓水速、降低河流对大堤的冲击，从而保护运河主堤，这些发现为郑口挑水坝后续的修缮保护打下基础。

三、文化价值探究

百年来，郑口挑水坝为保护运河西岸人民的生命财产安全，使人民群众免遭运河决口之灾发挥了重要作用，也是郑口人民团结奋斗战胜自然灾害的实物见证。故城县郑口挑水坝再现了古运河的传统工艺价值，承载着丰富的大运河文化历史信息，是研究中国近代史和中国近现代水利工程不可多得的实物资料。

大运河的开凿、发展的历程就是一部中华文明演进史，也是中华民族文化不断丰富、联动、升华的历史，其中包含着大量的科学智慧、工程技艺、治理才华、管理经验，郑口挑水坝就是其中一个代表。近年来，在建设大运河文化带的过程中，大运河沿线文化遗产保护和利用工作显著加强，文物保护修缮步伐加快，郑口挑水坝的设计智慧和历史贡献使其作为运河水利工程遗产的文化价值无比珍贵。

华家口
夯土险工

第一部分　文化遗产立档表

华家口夯土险工		
档案号：HS003		建档时间：2022 年 2 月
编号	**项目**	**内容**
1	级别认定	全国重点文物保护单位
2	保护单位	河北省衡水市
3	简介	华家口夯土险工原建于清宣统二年（1911 年），为时任知县王为仁主持修建。自该险工修好后，大运河华家口段再没有决堤记录。该险工全长 255 米，呈梯形，南北走向，顶宽 13 米，全段高程 5.8 米至 6.7 米不等，平均收分 20%，堤内坡采用黄土、白灰、糯米浆夯筑成坝墙，坝墙每步宽 1.8 米，厚 18 厘米，分步夯筑，底部采用坝基抗滑木桩施工工艺，外坡与顶部为素土夯实而成，为研究清代夯筑防水技术和运河堤岸防护发展史提供了实物资料。
4	文化遗产类型	物质文化遗产 / 水利设施类
5	图录精粹索引	A- 全貌 ……………………（A-1 ～ A-4） B- 局部 ……………………（B-1 ～ B-7） C- 其他 ……………………（C-1 ～ C-11）

A- 全貌

第二部分　文化遗产图录精粹

A-1　华家口全景鸟瞰

A-2　华家口鸟瞰

A-3 华家口鸟瞰

A-4　华家口鸟瞰

B- 局部

B-1　里程碑

B-2　遗产区界桩

B-3 河道

B-4 河道

B-5　岸堤

B-6　岸堤

B-7　华家口局部景观

C-1　华家口夯土险工文保碑（正面）

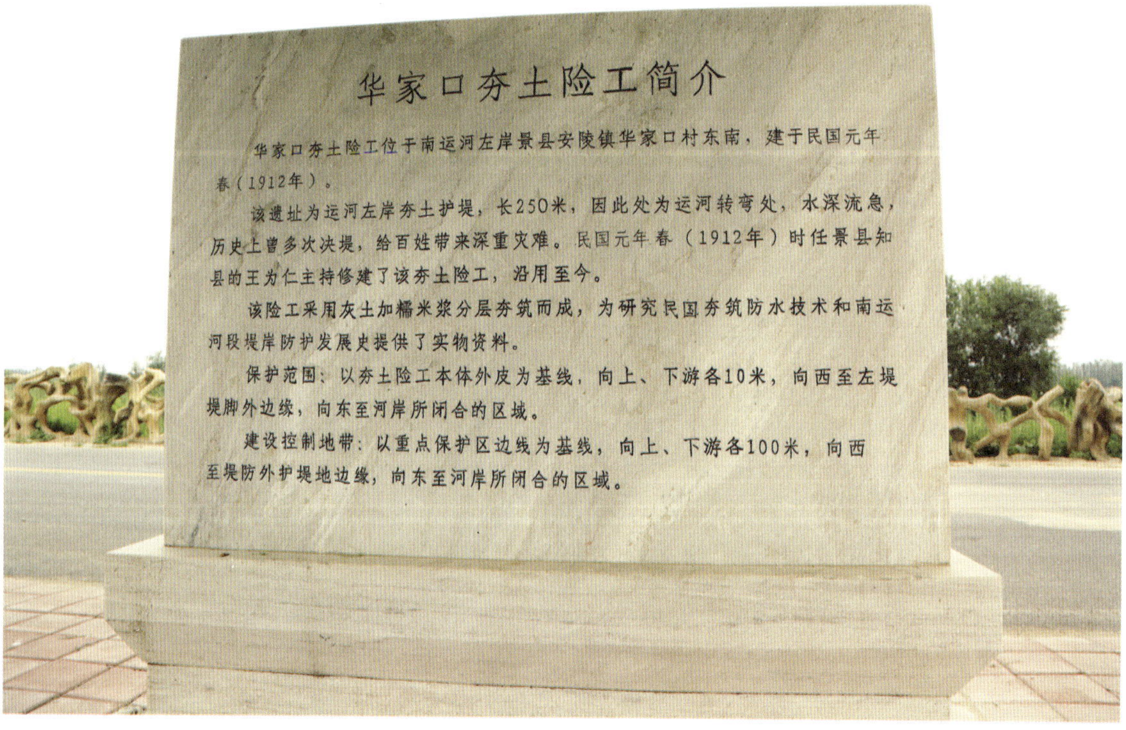

C-2　华家口夯土险工文保碑（反面）

C-3 华家口夯土坝文保碑

C-4 华家口运河文化展馆

C-5 豆腐挑子

C-6 夯土险工工艺

C-7　夯筑铜人

C-8 屋内陈列

C-9　屋内陈列

C-10　屋内陈列

C-11　屋内陈列

第三部分　文化遗产研究报告

抗洪智慧
——华家口夯土险工

一、历史文献记载

据《景县志》记载，大运河景县段开挖于隋大业四年（608 年），通航于大业七年。直至中华人民共和国成立初期，大运河景县段一直承担着繁重的航运任务，长达 1000 多年之久。华家口夯土坝位于大运河左岸的景县安陵镇华家口村南。据传，在明代初期，此处曾有防营中第六屯村，后因运河决口，村庄被大水冲毁，百姓流离失所，四处迁移。之后有一华姓大户迁此定村，加上这里的决口，村子就被叫作华家口。

大运河许多部分都是利用自然河道疏凿而成的，设计较多弯道是为了人为延长运河长度来解决水位落差问题。大运河景县段水位落差 4 米，转弯险工段 38 处，华家口段为半地上河。水流在弯道转弯处冲击力过大极易造成弯道处决口，华家口段就是这种弯道易决口段。华家口段在晚清时期载入县志记载的就有两次大的决口[1]：据《景县志》记载，清同治九年（1870 年）河决华家口，大坝、村庄被毁；光绪二十年（1894 年）河决华家口，庄稼被淹。河流决口给当地百姓带来了沉重灾难，使华家口村遭受毁灭性打击，也影响了作为当时运输大动脉的航运发展。宣统三年（1911 年），时任景县县令的王为仁主持修建了华家口大坝，原有一德政碑，详细记载了修坝情况，现碑已无存。据调查，该夯土坝的砌筑方法是：首先在坝最底部原土层打入木桩，然后再用毛石打垫层，在垫层之上用三七灰土加糯米浆逐层夯筑。自该坝修好后，华家口村运河大堤再也没有决堤记录，可见该坝对防止运河决口、保护人民群众生命财产安全发挥了重要作用。

1. 胡梦飞：《中国运河文化遗产概论》，郑州：黄河水利出版社，2020 年，第 62 页。

二、遗产现状调研

由于年代久远，受多年来河水、雨水、风力侵蚀，冻融风化及堤顶过往载重车辆震轧，乃至地震等多种因素影响，华家口险工坝体失去内聚力，出现剥落、疏松、不均匀沉降、内坡下滑等现象，坝体本身损伤较重。为保护和传承好这一重要文化遗产，2012 年河北省古代建筑保护研究所专家开始对该险工进行全面保护、加固维修，并在维修过程中最大限度地保留了该险工的原真性和完整性。大坝用了数以千计的木楔，木楔用防腐剂和特殊胶水浸泡后被钉入墙里，这样新、旧坝体更能坚固地结合。2013 年华家口夯土坝申遗点顺利通过国际专家组现场考察评估。2014 年中国大运河被联合国教科文组织列入世界文化遗产名录，成为我国第 46 项世界文化遗产。华家口夯土坝作为河北省仅有的两个夯筑坝之一入选申遗文化点，使其越来越受到人们的关注，吸引了许多旅游爱好者慕名前来参观游玩。

由于华家口夯土坝附近也分布着封氏墓群、安陵玫瑰产业园，为了合理、有效利用这些旅游资源，2015 年镇政府通过整合、规划，将玫瑰产业园、封氏墓群纳入整个大运河华家口观光旅游带项目中。该项目位于景县安陵镇华家口沿南运河左岸一带，总占地面积 40 平方公里，建设面积约 0.5 平方公里，主要建设内容包括景县段运河大堤硬化、绿化，华家口夯土坝景点建设，沿运河左岸十里桃花休闲区项目建设，玫瑰园二期建设，等等。建成后，预计年接待游客超 50 万人次。

三、文化价值探究

作为流动的文脉、宝贵的遗产，备受关注的大运河贯穿古今、连接城乡，蕴含着生态、人文、民生、发展等诸多元素，是历史发展的见证，正在迎来新的复苏。作为一条线性文化带，大运河上每一处码头、渡口、石桥、河道都代表着文化的交汇，见证了中华民族的悠久历史和灿烂文明。华家口夯土险工突出反映了北方大运河上坝体遗产的特点和价值，也体现了当时施工工艺的科学性，它的曲线符合流体力学原理，受力面合理，最大限度地缓解了河水的冲刷。华家口夯土险工是中国古代利用夯土技术建设水工设施的实物证据，为研究古代水利工程提供了宝贵的实物资料。华家口夯土险工作为大运河本体重要的水利工程设施，是劳动人民在防汛抗洪中的智慧体现，在保护人民生命财产安全、抵御洪涝灾害中发挥了巨大作用，其历史功绩值得被永远铭记。

开福寺舍利塔

第一部分　文化遗产立档表

开福寺舍利塔		
档案号：HS004		建档时间：2022 年 2 月
编号	项目	内容
1	级别认定	全国重点文物保护单位
2	保护单位	衡水市景县
3	简介	开福寺舍利塔，又称“释迦文舍利宝塔”，位于河北省景县开福寺遗址内，俗称“景州塔”。根据塔内的铭文记载，该塔可能始建于北魏时期，以后历代均加以修缮。现存建筑具有明显的宋代风格，建于北宋元丰二年（1079 年），后经历代修缮。舍利塔为砖砌楼阁式，平面八角形，外檐13层，塔体通高63.85米，底层边长6.31米。塔内为穿心式结构，首层自塔身正中直穿塔心登至二层，然后每层均变向上登，直达顶层。每层四面辟门，内部回廊环绕，外檐施五铺作斗拱，上出叠涩塔檐。塔身高及边长自下而上逐层逐减收分，外檐轮廓呈枣核状。塔刹为 3 个大小不同的铜制葫芦相串。高大雄伟，挺拔清秀，为我国宋代砖塔中的重要实物。塔顶装有铜铸葫芦，高 2.05 米，葫芦下有铁刹网罩托，高 3.3 米，刹网与洞户被天风鼓荡，作水涛声，有古塔风涛之说。舍利塔原建于开福寺内，开福寺早已损毁。1996 年 11 月 20 日，开福寺舍利塔被国务院公布为第四批全国重点文物保护单位。
4	文化遗产类型	物质文化遗产 / 宗教类
5	图录精粹索引	A- 全貌 ························ （A-1 ～ A-3） B- 局部 ························ （B-1 ～ B-17） C- 其他 ························ （C-1 ～ C-2）

A- 全貌

第二部分　文化遗产图录精粹

A-1　开福寺舍利塔全景鸟瞰

A-2 开福寺舍利塔全景鸟瞰

A-3 开福寺舍利塔全景鸟瞰

B- 局部

B-1　塔身局部

B-2 塔身局部

B-3　塔身局部

B-4　塔身局部

B-5 塔身局部

B-6 塔身局部

B-7 “开福胜境”石牌坊

B-8　开福寺鸟瞰

B-9　景州开福寺正殿

B-10　景州开福寺正殿侧视

B-11　景州开福寺正殿房顶

B-12　香炉

B-13　香炉

B-14　景州开福寺观音殿

B-15　外廊顶部

B-16　榫卯部件

無量福田
古刹重光
寺

B-17 景州开福寺正殿匾额

C- 其他

C-1 舍利塔文保碑（正面）

舍利塔简介
舍利塔，全称释迦文舍利宝塔，俗称景州塔，为冀南著
名古迹之一。一九九六年十一月二十日，国务院公布为全国
重点文物保护单位。该塔共十三层，砖木结构，外形为八面
棱椎体，楼阁式建筑，通高 米。塔内为穿心式结构，砌
环形走廊，与四面洞户相通，层间砌阶梯数百级，盘旋而上，
可达极顶。塔顶装置一铜质葫芦形塔刹，高2.05米，下有铁
网罩，高3.3米，刹网与洞户被天风鼓荡，故有古塔风涛之
说。
舍利塔周围原有明代建筑千佛阁、无量殿等，后毁于文
革。据考证，该塔始建于北魏高宗兴安年间（公元452年至公
元453年），齐、隋、宋等都有较大维修，经古建专家鉴定，
现存古塔为宋代风格。建国后，先后进行了五次维修，使这
一凝聚先人高超建筑艺术的古塔得以完好保存，且更加雄伟
壮观。

C-2　舍利塔文保碑（反面）

第三部分　文化遗产研究报告

古塔述风涛
——开福寺舍利塔

开福寺舍利塔位于河北省景县县城西北角，是开福寺的主要建筑之一。原有寺院无梁殿、千佛殿等建筑，目前仅存此塔，属于宋代建筑风格。开福寺舍利塔是大型砖塔，为青砖砌成的密檐楼阁式佛塔，占地316平方米。由须弥座、塔身和塔刹等几部分组成。塔基由条石砌筑而成，为砖砌须弥座，以仰莲承托塔身。塔基下有深井一口，推测可能为佛塔地宫，应是贮藏佛骨、佛经等物之用。塔身为砖砌筒体结构，外围为厚重砖墙，中心砖砌塔心柱。这种结构的特征是：外壁与中心塔心柱均为砖砌而成，二者之间形成回廊，并设有阶梯，可直通至12层。这种结构可以防止佛塔上下通裂。此外，每层外墙东、西、南、北面均辟券门，以供登塔观赏景观。在2至4层、7至9层设盲窗，盲窗几何图案各异。塔刹通高2米左右，由3个大小不同的葫芦组成，葫芦为青铜铸造而成，葫芦下有铁丝网罩，美观协调。类似结构的塔刹十分少见。整个塔刹由位于12层内的木柱支撑着，使得塔刹坚固牢稳。舍利塔每层以砖叠涩出檐模仿传统的木阁楼屋檐，而且每层外檐均施砖仿木斗拱。这些砖砌斗拱与木结构一样精致灵巧，充分体现了当时建筑工艺的高超水平。

一、历史文献记载

关于舍利塔的建筑年代，据民国二十一年（1932年）版《景县县志》记载：“开福寺之古塔，上层悬有铁匾，匾内铸有齐、隋重修字样，重修既在齐、隋，其创建当在北魏时代。”有分析认为，北魏宣武帝永平年间好佛，奖励寺庙浮屠之建筑，一时全国州郡共建1.3万余座寺庙。景县开福寺之古塔雄伟壮观，世无其匹，此项大建筑当必在北魏永平年间，即508年左右建造（铁匾现已无存）。《清一统志·河间府》记载：开福寺“在景州治西北。明洪武中建。前有古塔，隋文帝建。为级十三，高二十二丈”。

开福寺舍利塔在齐、隋重修后，宋、金、明、清、民国都有所修葺，塔刹内铁匾上刻有“宋元祐六年”“金天眷二年”“元至治三年”“明正德十二年”“清同治九年”重修条文，一层南面券门上亦嵌有“大清同治九年重修”石碑。舍利塔历尽沧桑古韵犹存，许多封建帝王、文人墨客前来观瞻时，都曾挥毫泼墨，留下了许多脍炙人口的诗篇。清乾隆十三年（1748年）春，乾隆皇帝南巡，驻跸景州，游开福寺，登景州塔，胸臆大开，挥毫为开福寺题写“无量福田”匾额，并赋《咏开福寺古塔二首》，其一：“绀宇现青莲，瞻游取路便。法云垂四界，花雨散诸天。韶秀春光闲，崇隆塔影悬。禅房聊静憩，驹隙指三年。”其二：“浮屠百尺接云天，千里山川近目前。宝网穹隆摩鹳鹤，洞窗疏达纳风烟。龙蟠水府常听贝，雁下花宫自解禅。我志愿希三代上，那寻残碣问隋年。”

景州（今景县）人魏廷珍，雍正年间曾官至漕运总督，乾隆年间任左都御史、工部尚书，他也留有咏古塔七言律诗一首：“十二层霞万铎风，千门日月入青空。云间人语丹霞外，步踏星辰上界中。宝鉴丽天无气合，玉泉涌地海潮通。开皇以后年谁纪，舍利应随白马东。”同治年间，敕授文林郎、朝议大夫、景州知州张景沂的《登开福寺古塔》也颇具特色：“登临无处可销忧，且上浮屠最上头。远看红尘飞驿骑，遥天春色动边愁。一身古回云霞近，满目苍茫涕泗流。底是乘风不归去，偏将醉眼看神州。”

二、相关传说

1.“镇水立塔”说

开福寺舍利塔下原有口井。相传有一年景州大旱，人们决定挖一口井，但久挖不见水。终于有水流冒出时，一只鸭子也浮出水面，水随着鸭子的叫声越来越多，不久就形成了大水流，甚至快要将景州城淹没。这时出现了一个手拄拐杖、腰缠葫芦、破衣烂衫的拐腿老人，老人开口说：“这是看守海眼的鸭子，看来你们是把海眼挖穿了，这鸭子是东海龙王派来淹景州城的。”人们连忙问老者如何化解。老人回答说：“楔钉子。”人们苦笑，以为老人说玩笑话。老人说：“不是往地下楔钉子，而是往天上楔钉子。天为阳，地属天管，要想镇住海眼，就要从冒水的地方朝天上楔钉子。”

话音落地，老人就不见了，人们恍然大悟，却更加发愁，不知用多大的钉子才能楔到天上去。突然一位瓦匠后生高声喊道：“我明白了。”只见他拿着一颗钉子，尖朝上，对大家说：“你们看，钉子这样放着，上尖下大，这不就是塔吗。”这时人们才明白过来，老人说朝天上楔钉子就是建塔。于是大家齐心合力，昼夜不停地在井上建起塔来。随着塔的增高，井水越来越弱，等修到13层，井水不冒了，鸭子也不见了。于是，这座塔便修了13层。

海眼被镇住后，东海龙王十分气恼，便让那只鸭子毁掉宝塔。于是，鸭子又到塔下，发疯似的扑腾着翅膀，叫个不停。塔四周地基逐渐裂开了口子，塔身左右摇晃，眼看宝塔就要倒下。就在这时，拐腿老头又出现了，人们向他求救，只见他解下腰里的葫芦朝天上一抛，葫芦便飘飘悠悠，不偏不斜，正好落在塔尖上，宝塔顿时不动了。人们惊喜万分，刚要道谢，老人又不见了。人们突然想起，这老人就是铁拐李。八仙过海时，东海龙王是他手下败将。直到现在，铁拐李的铜葫芦仍在景州塔尖上立着。

2.“乾隆免税”说

传说，景州籍康、雍、乾三朝重臣魏廷珍，陪同乾隆皇帝南巡时过开福寺，乾隆皇帝见寺内的无梁殿木椽重重咬合，不见一根房梁，脱口问道：“此殿无梁（粮）？”魏廷珍和景州地方官马上叩地谢恩：“谢万岁爷，免去景州的钱粮！”皇帝金口玉言，话已出口，不能收回。至此，这一带交纳的钱粮就少了。

三、遗产现状调研

1973年春，河北省政府拨款对开福寺舍利塔进行维修，重点修复了 10 至 12 层及塔顶，在塔顶“铜葫芦”内取出明代木版佛经 3 种 9 卷，即《大乘妙法莲华经》6 卷，《大乘诸品经咒》1 卷，《药师琉璃光如来本愿功德经》2 卷，取出释迦牟尼卧式铜佛 1 尊，铁匾 5 块。1996 年，开福寺舍利塔被列为第四批全国重点文物保护单位。

由于年代久远，塔体存在多处隐患，每层正面券门都有不同程度下沉，4 层飞檐与塔体严重脱离，危及塔体稳定。现阶段开福寺舍利塔维修规划包括增加塔基、台明、护栏，维修塔内佛龛、塔刹、外檐斗拱、回廊斗拱、塔体回廊券顶裂缝、塔外檐头、登塔楼梯及券顶、塔门券顶等。近几年来，景县对开福寺舍利塔周边进行了整体升级改造。占地约 8 万平方米的景州塔公园已成为景县人民休闲娱乐的好去处，也吸引了各地的游客前来游玩，文化遗存整体保存状况良好，可承担宗教及其他社会活动功能。

四、文化价值探究

开福寺舍利塔建筑年代久远，历经千年风雨沧桑，无数次大小地震、水灾考验，至今仍矗立在华北平原，在国内外享有盛誉。一方面，开福寺舍利塔造型精美、雄伟壮观、比例匀称，是劳动人民智慧的结晶，具有十分重要的景观艺术价值。另一方面，舍利塔的建筑结构形式——八角筒体结构，为抗震研究及现代建筑结构造型提供了重要实物资料，也从侧面反映了修建时代技术发展水平。开福寺舍利塔与同时期河北省境内的定州开元寺塔均为现存宋代重要的高层建筑，其平面布局、建筑形式对研究宋代建筑给予了充足的实物证明。近年来，景县依托开福寺舍利塔及周边建筑，并结合景县历史文化，通过对塔及周边街区的改造提升，让昔日的古塔焕发出新的生机与活力。开福寺舍利塔的历史感和文化底蕴也赋予景县独特的旅游资源，现在开福寺舍利塔景区已经形成集旅游观光、文化体验、休闲娱乐于一体的历史人文精品旅游区。

无始无终先作形声真

十二里庄
天主堂

第一部分　文化遗产立档表

十二里庄天主堂		
档案号：HS005		建档时间：2022 年 2 月
编号	项目	内容
1	级别认定	河北省重点文物保护单位
2	保护单位	衡水市故城县
3	简介	十二里庄天主堂，位于河北省衡水市故城县西半屯镇十二里庄村，原属山东武城县，因该村距京杭大运河十二里而得名。十二里庄教堂为鲜明的欧式风格建筑，据说当时建造这座教堂的石料和砖瓦是直接通过航运从德国运来的，建筑整体古香古色、古朴典雅，占地约 13 000 平方米。主教座堂全称为“圣母无染原罪堂”，大体分为大教堂（礼拜堂）、修道院、育婴堂、孤儿院等。其中，大教堂（也叫讲经堂）是天主教信徒心目中最神圣的地方，也是整个教堂中最宏伟的建筑。大教堂坐北向南，青石地基，青砖墙体，是一座典型的哥特式建筑。
4	文化遗产类型	物质文化遗产 / 宗教类
5	图录精粹索引	A- 全貌 ·························（A-1 ～ A-2） B- 局部 ·························（B-1 ～ B-12） C- 其他 ·························（C-1 ～ C-2）

A- 全貌

第二部分　文化遗产图录精粹

A-1　天主堂全景鸟瞰

A-2　天主堂全景鸟瞰

B- 局部

B-1 天主堂正门

B-2 天主堂侧门

B-3　天主堂顶部

B-4　雕像

B-5　雕像

B-6　天主堂小门

B-7　天主堂小门

B-8 院内场景

B-9　天主堂主体后视

B-10　局部场景

B-11　天主堂内景

B-12　天主堂内景

C- 其他

C-1　十二里庄教堂文保碑（正面）

C-2 十二里庄教堂文保碑（反面）

第三部分　文化遗产研究报告

河畔解教义
——十二里庄天主堂

一、历史记载

1690年前后，天主教北京代牧区以临清为中心，向山东西北部运河一带传教，范围包括恩县、武城等县，传教士多为意大利籍方济各会会士。十二里庄就是当时形成的一个教徒村。在随后的百年禁教时期，十二里庄的教徒保持了天主教信仰，成为日后天主教在山东重新传播的基地。

1839年，罗马教廷成立山东代牧区，任命意大利籍方济各会会士罗类思为首任主教，主教公署设在十二里庄。这是山东最早的天主教堂。1847年10月，罗类思又在十二里庄创办山东总修院。1849年，罗类思辞职后，江类思继任，为山东代牧区第二任主教。1863年，山东代牧区座堂和山东总修院由武城县十二里庄迁至济南。清光绪二十六年（1900年），冠县义和团首领阎书勤率众攻打十二里庄教堂，因教徒们组织起来进行抵抗，并且使用了先进的武器，义和团的攻打并未成功。十二里庄天主堂在光绪三十年进行翻建，民国十九年（1930年）又一次扩建，形成今天的规模。宏伟的西式青砖教堂及修女院、神父楼建筑群在低矮的民居中颇为醒目。

在抗日战争时期，十二里庄天主教堂曾作为八路军129师东进纵队战地医院。1942年“四二九”铁壁合围时，冀南军区领导曾在此部署突围，遭到日本侵略者的枪弹射击，至今中楼东墙体弹痕依稀可见。解放战争时期，这里曾设过解放军后方医院，20世纪60年代在讲经堂后的瓦房内尚可见到隐蔽的地下室，据说紧急时为掩护伤病员所用。1945年7月，晋冀鲁豫边区冀南行署六专署于十二里庄教堂创办“冀南简易师范学校”，后更名为“冀南运河中学”，为中国的民族独立和解放事业培养了一大批高级将领和优秀干部，这里也被誉为华北“小黄埔”。1949年后，校名数次更改，最终变更为十二里庄中学。

1984年，十二里庄中学正式撤销，其财产按照宗教政策归还教堂。十二里庄教堂两边“双子塔楼”高约30余米，竖立着十字架，因为高于周边房屋，方圆十几里都能望到。当地人把这两座塔楼统称为亭子，当时“十二里庄的亭子、饶阳店的塔”成为冀东南、鲁西北的一道风景，闻名遐迩。1966年，邢台地区隆尧县东发生6.8级强烈地震，当地震感强烈，十二里庄教堂双子塔楼东楼震裂，塔尖倾斜。为避免倒塌伤及民房，挖河民工用绞磨将双子塔楼拉倒。

二、相关传说

“利玛窦传教”说

相传，明万历二十八年（1600年），意大利传教士利玛窦由南京北上，经运河前往北京。至武城码头换旱路进京，路经十二里庄时患病，幸得本村一名胡姓中医救治痊愈。在胡家治病过程中，利玛窦向其传播天主教教义，胡家成为该村最早信教的人家。这为以后该村成为山东天主教中心奠定了基础。

三、遗产现状调研

教堂文化遗存整体保存良好，目前仍然作为天主教传教场所，行使宗教场所职能。讲经堂正面3座拱门，都刻有西洋风格的石雕、砖雕图案，其上盘型浮雕繁复华丽。大教堂正中上方有一钟亭，悬挂着一口铸于1907年的铜钟，高约60厘米。这口钟与大教堂基石一样，铭文采用西历，表明是教堂外籍人士所铸。铜钟的独特之处是“钟打锤”，而非常见的“捶打钟”，即拉动滑轮上的钟绳，钟体来回摇摆，碰撞钟锤，发出声响，而并非直接用钟锤敲钟。由于铜钟悬在高处，声音格外洪亮，周围十几里的村庄都能听到钟声。山东省书法家协会会员刘恩常先生有诗赞曰：“古院相依拥众楼，高亭戏云显风流。运河东去十二里，钟声悠远到码头。”原有的铜钟如今已下落不明，现有的铜钟是20世纪80年代增补的。从1985年开始，河北省宗教局陆续拨款对教堂进行整体修缮，使其逐渐恢复开展正常的宗教活动。2008年，十二里庄教堂被河北省人民政府公布为第五批重点文物保护单位。

四、文化价值探究

十二里庄天主堂是中国北方一座著名的天主教堂。历史上天主教以临清为中心向山东西北部一代传教，范围较广。十二里庄位于大运河边，交通便利，为天主教的传播提供支持，成为当时天主教的传播基地，天主教主教公署就设置在十二里庄。十二里庄天主堂具有多重价值，作为一座古建筑遗产，它有艺术观赏价值和历史价值；作为依旧使用的天主教教堂，它在党的宗教工作基本方针下保障了当地宗教事务的开展。十二里庄天主堂见证了百余年的风云变迁，作为大运河带上的宗教建筑，在相当长的一段时期为民族解放做出了功绩，此后必定会在不断被挖掘的文化价值中娓娓讲述大运河文化带上的历史故事，也会继续见证新时代爱国爱教、积极与社会主义社会相适应的宗教发展局面。

出 版 人：朱文富
责任编辑：刘　婷
装帧设计：赵　谦　王占梅
责任校对：蔡文涛
责任印制：常　凯

图书在版编目（CIP）数据

河北大运河文化图谱．下部．衡水卷 / 宋少俊，张浩然，杜浩编著．-- 保定 ：河北大学出版社，2023.1

ISBN 978-7-5666-2059-0

Ⅰ．①河… Ⅱ．①宋… ②张… ③杜… Ⅲ．①大运河－文化遗产－保护－衡水－图谱 Ⅳ．①K928.42-64

中国版本图书馆 CIP 数据核字（2022）第 196437 号

河北大运河文化图谱（下部）

衡水卷

出版发行：河北大学出版社
地址：河北省保定市七一东路2666号　邮编：071000
电话：0312-5073003　0312-5073029
网址：www.hbdxcbs.com
邮箱：hbdxcbs818@163.com
印　　刷：保定市正大印刷有限公司
幅面尺寸：210 mm×285 mm
字　　数：503 千字
印　　张：30.25
版　　次：2023年1月第1版
印　　次：2023年1月第1次印刷
书　　号：ISBN 978-7-5666-2059-0
定　　价：183.00 元（下部 全三册）

如发现印装质量问题，影响阅读，请与本社联系。
电话：0312-5073023

河北大运河文化图谱

邢台卷

（下部）

宋少俊 张浩然 杜浩 编著

HEBEI
DAYUNHE
WENHUA TUPU
XIABU
XINGTAIJUAN

河北大学出版社
·保定·

河北大运河文化遗存调研点全图

前言

党中央、国务院高度重视大运河文化保护、传承、利用，习近平总书记多次发表重要讲话、做出重要指示，强调“大运河是祖先留给我们的宝贵遗产，是流动的文化，要统筹保护好、传承好、利用好”。河北省委、省政府坚决贯彻落实总书记指示精神，多次召开省委常委会、专题会进行研究部署，深入沧州、廊坊等地实地调研，指出规划建设大运河文化带既是一项重要的政治任务，也是保护历史文化、改善生态环境、推动高质量发展的宝贵机遇，必须坚定不移落实到位。2021 年，河北省在政府工作报告中提出，要加强文物资源发掘和保护，推进长城、大运河国家文化公园建设。国家、河北省对运河文化保护、传承、利用的指导意见，为我们开展河北大运河文化遗存调研工作提供了遵循。

大运河萌芽于春秋，形成于隋代，兴盛于唐宋，取直于元代，疏通于明清，是世界上里程最长、工程最大的古代运河，也是最古老的运河之一，与长城、坎儿井并称为中国古代的三项伟大工程。滔滔奔流 2500 多年，纵贯南北 1747 公里，沟通海河、黄河、淮河、长江、钱塘江五大水系，流经北京、天津、河北、山东、河南、安徽、江苏、浙江等 8 个省市，不仅是古代中国连接南北方的水路大动脉，还是一条流动的文化之河，是中华民族活着的、流动的精神家园。大运河河北段主要包括北运河、南运河、卫运河、卫河及永济渠遗址，并包括按照国家规划统一纳入的雄安新区白洋淀与大运河连通部分，河道总长 530 余公里，流经廊坊、沧州、衡水、邢台、邯郸及雄安新区五市一区的 21 个县（区、市）。

由河北省发展和改革委员会与河北大学共建的河北省大运河文化产业研究院于 2021 年 6 月成立，研究院为赋予大运河文化更具时代特征的传播展示路径，做大做强大运河这一中华文化重要标识，推动创造性转化和创新性发展，探索新时代文物和文化资源保护、传承、利用新路，延续壮美运河的千年神韵，深入挖掘河北大运河文化内涵，获得大运河沿线文化遗存现状的真实资料，特编纂《河北大运河文化图谱》。河北省大运河文化产业研究院前期调研课题组，实地考察走访了大运河河北段相关重点流经区域，调查整理相关文字、图片资料，为《河北大运河文化图谱》的编纂提供了扎实的一手数据。

邢台市
拆堤开沟碑
贝州故城遗址
元侯祠
朱唐口险工
油坊码头
临清古城遗址
八里圈清真寺
永济渠遗址
卫运河·临西段

河北大运河·邢台段概况简介

邢台市境内大运河自临西尖冢流入，沿临西、清河两县边界北去，于清河渡口驿出境，是冀、鲁两省的边境河流，境内长58公里，在百姓中有着“运河之水天上来，五十八（公）里过邢台”的流传。大运河邢台段有丰富的文物遗迹，由此形成的大运河文化也成为邢台对外交流的一扇窗口。

河北省大运河文化产业研究院课题组走访调研了邢台境内大运河文化遗存采集点9处，分别为卫运河·临西段、永济渠遗址、朱唐口险工、油坊码头、贝州故城遗址、临清古城遗址、八里圈清真寺、元侯祠、拆堤开沟碑，搜集资料现汇编成册，以供查阅。

目录

卫运河·临西段

第一部分　文化遗产立档表

卫运河·临西段		
档案号：XT001		建档时间：2022 年 3 月
编号	项目	内容
1	级别认定	世界文化遗产
2	保护单位	邢台市临西县
3	简介	卫河原为黄河故道，因春秋属卫地而得名，汉代称白沟。卫运河、南运河的前身为清河，为先秦黄河决流而成。历史上，卫河、卫运河、南运河是一条河，唐代称永济渠，宋代称御河。东汉建安九年（204 年），曹操“遏淇水入白沟，以通粮道”，卫河、卫运河始见雏形。后经历代整治维护，逐渐发展为现代地理态势。金元时期，卫运河航运兴盛，尖冢凭借“顺河迎流，单堤陡岸”的河道优势，逐渐发展为漕运码头重镇。卫运河，系指漳河、卫河于馆陶县徐万仓汇合后至四女寺枢纽河段，沿今山东、河北两省边界，左岸流经河北省的馆陶、临西、清河、故城等县，右岸流经山东省的冠县、临清、夏津、武城等县（市）。在水系上，属海河流域漳卫南运河的一段，全长 157 公里。 在 1958 年治理前，卫运河河道全长 213 公里，两岸均有堤防。两岸堤距一般在 100 ～ 2500 米，河道通过城镇处，断面缩窄，滩地消失，而堤距较宽处有相应较宽的滩地。滩地一般高于堤外地面 0.2 ～ 2.5 米，滩地宽一般在 350 ～ 800 米。
4	文化遗产类型	物质文化遗产 / 运河本体类
5	图录精粹索引	A- 全貌 ························ （A-1 ～ A-3） B- 局部 ························ （B-1 ～ B-3）

A- 全貌

第二部分　文化遗产图录精粹

A-1　卫运河·临西段鸟瞰

A-2 卫运河·临西段鸟瞰

A-3 卫运河·临西段鸟瞰

B- 局部

B-1　卫运河·临西段河道

B-2　卫运河·临西段河道

B-3　卫运河·临西段河道

第三部分　文化遗产研究报告

五十八（公）里过邢台
——卫运河·临西段

在临西和清河一带流传有“运河之水天上来，五十八（公）里过邢台”的说法。临西县位于河北省东南部、邢台市东南端、卫运河中游左岸，东瞻岱岳、西俯太行，地处冀鲁平原腹地，是两省三市六县交界之地。东临卫运河，南邻馆陶，西接邱县，北衔威县、清河，县境横宽 34 公里，纵长 19 公里，总面积 542 平方公里，县城驻地临西镇。临西交通便利，是沟通河北、河南、山东、山西 4 省的交通咽喉。历史上，隋唐大运河和今卫运河均流经临西，造就了临西独特而辉煌的运河文化。

一、历史文献记载

古黄河水在华北大地上任意流动，春秋时期吴国的夫差为了北上与齐国进行交战，欲将历史上一些自然河流进行人工连通，决定开凿一条邗沟，这就是大运河的前身。《左传》记载：“吴城邗，沟通江淮。”史书还用了“举锸如云”4 个字对当时的劳动场面进行了记录。汉代时对河道再次进行开挖，班固在《西都赋》中这样描写漕渠：“泛舟山东，控引淮湖，与海通波。”曹魏时期，先后又开凿了白沟、平虏渠、泉州渠、新河和漕渠等。特别是白沟等渠的开凿，使河北的水路沟通形成运河漕运网络，便利了平原地区水路运输。

北宋之后，金代时期十分重视对大运河的治理，当时运河所经之州县的长官皆加管河之官衔，如恩州（今武成县北）长官加“提控漕河事”，临清（今临清市南）等地长官均加“官勾漕河事”，负责养护河堤、督运漕粮。当时，运河两岸人家临河而居，运河上竖起千帆万影，临西（清）

城高楼林立，街巷中还可以听到官员到时鸣锣开道的声音，码头过往的大小船只穿梭繁忙。明代文渊阁大学士李东阳作诗这样描写当时的情景：

十里人家两岸分，层楼高栋入青云。
官船贾舶纷纷过，击鼓鸣锣处处闻。
折岸惊流此地回，涛声日夜响春雷。
城中烟火千家集，江上帆樯万斛来。

元朝建都北京使中原地区丧失了全国政治经济中心的地位，着眼于交通运输的便捷，元世祖忽必烈将运河截弯取直、弃弓走弦，中间部分从中心洛阳移至山东境内，直线的大运河线开始代替弧形的大运河线。元至元二十三年（1286 年）夏，卫河的河水汇入清河县城东部的御河，作为大运河的一段开始通航，始称卫运河。马可·波罗在《马可·波罗游记》中这样评价大运河：这条交通线，是由许多河流、湖泊以及一条又宽又深的运河组成的。这条运河，是根据大汗的旨意挖掘的，其目的在于使船只能够从一条大河转入另一条大河，以便从江南直达北京，不必取道海上。

浩浩运河穿越了自隋以来封建王朝数千年的岁月风雨，留下了各样繁华，明代有诗人看到这自古以来的水脉后留下这样的诗作：

一脉南来发卫泉，漫游汶水共朝天。
谁知千古隋炀帝，为我皇朝浚巨川。

临西自古为临清县城所在地，历史悠久，是千年古县，是夏代兖州，西周三监地，西汉初年清渊县（又称榆阳城）。经专家考证，汉代榆阳故城在今临西县西马鸣堂村东南，有碑为证。十六国时期的后赵建平元年（330 年）称临清县，北魏称清渊县，隋、唐、宋、金、元称临清县，明、清为直隶州，民国称临清县，现在也称临清县。卫运河是今临西（古临清）

境内历史最为悠久、流域最长、影响最大的一条河流。卫运河是大运河的一部分，临西就坐落在卫运河西岸，因卫运河繁荣兴盛达数百年之久，有“繁华压两京”“富庶甲齐郡”的美誉。临西的历史也是“因河而生”的历史。卫运河见证了临西历史上的繁华：河面上帆桅蔽日、商贾云集；河岸上商铺林立、绿柳婆娑。卫运河不仅为临西带来经济的繁荣，而且积淀下丰富的卫运河文化，使小城积累了一笔宝贵财富。

今临西县尖冢，是古临清的重镇，是尖冢大码头的所在地。尖冢得名于赵国于此地所设烽火台，金代时烽火台已破败，形似土冢，故名尖冢。金元时期，卫运河航运兴盛，尖冢因有“顺河迎流，单堤陡岸”的河道优势，逐渐发展为漕运码头重镇。明代，临清州城（今临清市）设大运河钞关，尖冢古镇便是临清州明清时期漕运收取税务的分关之一。清代，尖冢漕运码头愈加繁忙。《临清县志》载：“清康熙四十七年（1708 年），全漳水入卫，自是之后，漳卫二水合流，漕运赖以利济者二百年。”卫运河上，载满木材、煤炭、粮食、棉花、瓷器、盐、铁、白灰、鸡蛋、石材、山货等货物的船只往来如梭、络绎不绝。由于漕运繁忙，码头装卸量大，所以早在明清时期当地即组建有大批的装卸工、拉纤工、船工队伍在日夜忙碌。当时的尖冢，车来船往，商贾云集。民国年间，人们形容其为“一京，二卫（天津卫），三尖冢”。

临西尖冢，因河而兴，也因河而衰。1959 年，漳卫河（卫运河）上游建岳城水库以及沿河两岸工农业生产发展用水量激增等原因，导致上游来水骤减，卫运河成了季节性河流，漕运也改为季节性运输，码头基本上失去了功能。1964 年，临西县由临清析出，划入河北时，尖冢大码头完全关闭，数代繁华的古镇大码头走完了自己的辉煌历史。

二、相关传说

黑龙潭的传说

在临西县尖冢镇龙潭村东北角有一深坑，人称黑龙潭，是流经此地的大运河形成的。村以潭命名，故名龙潭村。此坑常年积水，水色似墨，传说有黑龙生在其中。1970 年前，在龙潭村中间尚有一条东北—西南走向的大沟，沟中间有一条高高的土埝，似游龙戏水，蜿蜒曲折穿行于整个村庄，“龙”头伸向村东北的深潭之中。传说这一土埝也是一条土龙，暴雨期间，水涨埝高，从来不被雨水淹没。

古时候，龙潭村大户何家有耕地百顷，家财万贯，家里喂养了 99 头耕牛。每到太阳快要落山的时候，何家长工就牵着膘肥体健的 99 头耕牛到黑龙潭边去饮水。每到这时，牛群里总会多出一头油黑锃亮、滚瓜溜圆的大黑牛，等饮完水回家的时候这头牛又不见了。日子长了，东家知道了这件事，以为是龙牛出现，也不敢去惊扰它，并于每月的初一、十五到龙潭寺上供烧香，乞求神龙保佑，给家中带来平安吉祥。之后，在京城考中武举的何家大少爷归来，他从长工那听说了这件事，非要弄清其中原委。在立春的这天下午，他背着家人，吩咐长工们按当地“打春”的风俗给每头牛的牛头上系一条红布条。然后，他躲在一旁一箭射中了没有红布条的大黑牛的左眼。大黑牛一声怪叫，便钻到了黑龙潭里不见了。这天晚上，人们听到了黑龙潭里波涛阵阵，犹如翻江倒海一般，并不断传出凄惨的叫声。从此之后，何家便祸事不断，日子穷了，牛也卖完了。

黑牛被射伤的第二天晚上，离龙潭村 50 多公里的大名县的一个村子里唱夜戏。半夜散戏的时候，有一个穿黑衣裳、瞎了一只眼的白胡子老头坐在戏台底下不走。小会首前去询问，老人说家离得太远，问能不能借住一晚。小会首一连说了好几个地方，白胡子老头都说太小了，住不开。小会首生气地说：“村后有一个苇子坑，那儿大，你去住吧！”白胡子老头一听，高兴地道谢。小会首回家拿了草苫、铺盖，还用布包了两个干粮，送白胡子老头到苇子坑去睡。等天一亮，小会首便到苇子坑去看老头。谁知，只见铺盖卷好好地放在草苫上，老人不见了踪影，大苇坑却变成了一个黑水潭，足有好几丈深。这黑水潭形如苍龙摆尾、猛虎出洞，不时地能听到水里有响声。小会首恍然大悟，这黑衣老头原来是那条瞎了一只眼的黑龙变的。从此以后，这个村子便改名为黑虎龙潭村，自此村里风调雨顺，年年丰收。人们感谢黑龙带来的好年成，于是便在黑虎龙潭边上修了龙王庙，年年香火旺盛。[1]

1. 杨遵义主编:《临西故事》，石家庄：河北人民出版社，2019年，第44-45页。

三、遗产现状调研

卫运河经过河道修复与整治，水量相较之前有所增多，当地建了相关保护设施并竖立了标识，但仍未恢复其通航功能。2010年11月至2011年3月，大运河“申遗”时，邢台市专门组织考古专家，对临西与清河境内隋唐时期大运河古河道及沿岸遗产点进行了全面系统的勘察，追寻了古运河繁华的历史。如今，大运河古河道大部分成为耕田，但仍然可见古城墙、瓷片、贝壳等遗迹。大运河古河道从临西最南端的尖冢镇入境，经张堤、仓上、龙旺、堤口西、吕寨东北流至威县、清河。途经3个县、8个乡镇、40余个村庄，最后在河北北部边境循清凉江一线进入德州武城县。河道总体走向由西南向东北倾斜，总长60余公里，宽度从几十米到200多米不等，深度为6至7米。古河道与临西县河西镇以下一段现存河道大体呈平行关系，与河西镇以上一段则由于现存河道走向的变化而有逐渐靠拢的趋势。

四、文化价值探究

大运河邢台段自清末以后改造较少，河道、堤防等水利设施基本保持原貌，自然原生的河岸景观与传统农业时代的田园风光亦较好延续，原真呈现了漕运时代的运河景观和北方平原田野景观格局;“河、滩、堤、林、田、草”特色突出，形成蓝绿交织、天人相谐的景观风格，与河北段大运河其余段一同构成了自然景观最原生态的运河段落。[2]临西一段大运河遗址线路清晰、体系完整，拥有较为完整的人工河道和堤防体系，表现了我国北方大运河遗产的特点，是我国大运河体系中不可或缺的重要文化遗产。在临西众多的文化脉系中，卫运河文化是临西的血脉，它

2.《全力打造大运河文化带上的“邢台样板”》，2021年6月17日，http://www.xingtai.gov.cn/ywdt/jrxt/bmdt/sfzggwyh/202106/t20210618_599010.html，2022年8月10日。

以跨越时空之长、涉及地域之广、遗存保留之完整，而成为临西历史文化中一朵奇葩，并在整个中国大运河文化体系中占有一席之地。临西是邢襄文化、齐鲁文化等多元文化交融互动的空间，是南来北往文化交流的重要节点。在大运河文化带建设的大背景下，大运河邢台段为当地提供了丰富的文化素材，为运河经济史、运输史研究提供了丰富的一手资料。

世间繁华，熙来攘往。古代的大运河成就了南北，繁荣了一个个城市，自隋代到明清是南北交通大动脉，在沿线的城市里孕育着文明、传递着文化，直至今天都价值巨大。大运河临西段，明清运河与隋唐故道并存，遗产资源多样，文化底蕴深厚，对大运河临西段文化进行保护、挖掘和阐释，将重拾沿线的文化遗产珍宝，展示悠久的历史文化内涵，传承弘扬优秀传统文化的价值内核，为河北省大运河文化带建设提供重要支撑的同时，也丰富了邢台地区的文化内涵。[1]

1.《全力打造大运河文化带上的“邢台样板”》，2021年6月17日，http://www.xingtai.gov.cn/ywdt/jrxt/bmdt/sfzggwyh/202106/t20210618_599010.html，2022年8月10日。

永济渠遗址

第一部分　文化遗产立档表

永济渠遗址		
档案号：XT002		建档时间：2022 年 3 月
编号	项目	内容
1	级别认定	世界文化遗产
2	保护单位	邢台市临西县
3	简介	永济渠发轫于春秋战国时期，建成于隋代，繁华于唐宋，取直于元代，疏通于明清。黄河是永济渠的主要塑造者，水量丰沛的时候，永济渠水面有上百米宽。1260 年，元世祖忽必烈统一中国，建都大都（今北京）后，对大运河中段——临清至扬州段进行改造，截弯取直，使大运河不再从今临西县中部纵穿，而改走今聊城至今临清，入今卫运河。
4	文化遗产类型	物质文化遗产 / 运河本体类
5	图录精粹索引	A- 全貌 ························（A-1 ～ A-2） B- 局部 ························（B-1 ～ B-8） C- 其他 ························（C-1 ～ C-2）

A- 全貌

第二部分　文化遗产图录精粹

A-1　永济渠全景鸟瞰

A-2　永济渠全景鸟瞰

B- 局部

B-1　永济渠局部鸟瞰

B-2　永济渠局部鸟瞰

B-3　永济渠局部鸟瞰

B-4　永济渠局部河道

B-5　永济渠局部河道

B-6　永济渠局部河道

B-7　古树

B-8　古树

C- 其他

C-1　仓上村旧址碑

C-2　仓上村旧址碑

第三部分　文化遗产研究报告

流淌的古渠
——永济渠遗址

一、历史文献记载

临西县的治邑在不同时期有不同地点。有“水东临清”和“水西临清”两个地名之说。水，是指大运河的永济渠。历史上在临清仓上有两次设置，一次是后赵建平元年，即330年，设“水东临清”；另一次是北魏太和二十一年，即497年，设“水西临清”。水西、水东两个城址之间有永济渠南北穿过，永济渠的河道古来有之，这条古河道在临西（清）、清河县都有流淌的遗迹。

《隋书·炀帝本纪上·卷三》载，大业四年（608年），“正月乙巳，诏发河北诸郡男女百余万开永济渠，引沁水南达于河，北通涿郡”。隋炀帝在完成通济渠、山阳渎开凿之后，在黄河以北再开一条运河，沿洛阳东北方向开凿，沟通沁河、淇水、卫河，通航至天津，接着溯永定河而上直达涿郡，这便是永济渠。

永济渠可分为两段：南段自沁河口向北，经今河南省的新乡、汲县、滑县、内黄，河北省魏县、大名、馆陶、临西、清河，山东省的武城、德州，再经河北省的吴桥、东光、南皮、沧县、青县，抵今天津市。北段自今天津折向西北，经天津市的武清、河北省的安次，到达位于今北京市境的涿郡之地。

永济渠是“黄河北流”的产物，黄河北流是永济渠的成因，永济渠又是黄河北流的主要通道，黄河是永济渠的主要塑造者。《水经注》等地理著作曾记载说，永济渠是汉魏以来的旧河道。《禹贡锥指》卷十三下载：“永济渠，即古之清河，《汉志》之国水，《水经》之清、淇二水。曹公自枋头遏其水为白沟，一名白渠。隋炀帝导为永济渠，一名御河，今称卫河者也。”

沁河是永济渠的源头。黄河一级支流沁河，春秋时称为“少水”，西汉始称为“沁水”，也称“洎水”，近代称沁河。开永济渠引沁水东北流会清水，清水即淇水。东汉建安中期，曹操向北征伐驻今河北临漳一带的袁尚，于淇口作堰，截水量充足的淇水，不入黄河，兴建白沟水渠，流向东北，以通粮道。此后淇水成为卫河支流。诗经里的一首诗《氓》中，一共3次写到淇水，“送子涉淇，至于顿丘”，“淇水汤汤，渐车帷裳”，“淇则有岸，隰则有泮”，将一条淇水作为背景贯穿全诗。严耕望在《唐代交通图考·隋唐永济渠》一文中表述：永济渠自“卫县以东，北至独流口约五百公里（就直线言）之流程，实亦与郦注之淇水、清河（淇水下游名清河）流程略相一致……具见永济渠之工程实多循汉魏北朝之旧河道也”。

沁河与黄河交汇后成为卫河，现在的卫河古为白沟。史料记载，白沟是三国时期曹操为了军事目的开挖的古运河，始于建安九年（204年），距今1800多年。白沟本是黄河古道，原名宿胥渎。白沟的前身是战国时黄河北岸的运河，曹魏时期先筑古阳堤，将太行山各路的水截住，使其不入黄河，汇于嘉义境内，沿堤东流，经卫辉市流至浚县的新镇，和山西来的淇水汇合，流入黄河。据临西水利专家徐登阶考证，白沟当在今临西西部一带南北纵贯。曹魏修治后，白沟水量增加，连同与它接连的清河，成为河北水运干线。永济渠以曹魏旧渠为基础，将渠道拓展成为大渠，白沟构成隋炀帝北征高丽修凿的永济渠的前身。[1]

黄河北泛，在馆陶分出屯氏河。《汉书》载：“馆陶，河水别出为屯氏河，东北至章武入海，过郡四，行千五百里。”《馆陶县志》载：“汉元帝永光五年（公元前39年），黄河又决高唐，分出鸣渎河。不久，在馆陶又分出屯氏别河。”《水经注》载：“屯氏故渎水之又东北，屯氏别河出焉。屯氏别河故渎，又东北径信成县，张甲河出焉。”《汉书·沟洫志》述及其流经路线时有“东北经魏郡、清河、信都、渤海入海”的记载。屯氏河自然决堤，决堤后流入沿线的低洼地带，当地田地、人口并不稠密。《汉书·沟

1. 张秉政编著：《运河·中国：隋唐大运河历史文化考察 上》，北京：北京时代华文书局，2019年，第12页。

洫志》载："此开通后，馆陶东北四五郡虽时小被水害，而兖州以南六郡无水忧。"屯氏河与黄河分水并流70年，至汉永光五年(公元前39年)，"河决清河灵鸣犊口，而屯氏河绝"。隋炀帝时开永济渠，一部分就是利用屯氏河故道修浚而成。

永济渠自隋代开凿后，历代屡有修浚，水流的走向也屡有变化。唐高宗永徽年间，魏州刺史李灵龟在魏州城西开凿了一条永济支渠，使魏州城与永济渠相连，发展本地商业，改善百姓对外经济交流条件。此县在今天的临西县，古临清州的西南，《元和郡县图志》卷十六《河北道一•贝州》载："永济县，东北至州一百一十里。本汉贝邱县地，临清县之南偏，大历七年，田承嗣奏于张桥行市置，西井永济渠，故以为名。"宋代，是永济渠水患的多发期，黄河曾多次决口，顺永济渠北流。宋崇宁元年（1102年），宋徽宗下诏开临清坝子口，增修御河西堤（即今鲧堤），开置斗门，决大名、恩、冀、沧州及永静军积水入御河。崇宁二年，又修御河西堤。南宋建炎二年(1128年)二月，东京留守杜充为御金兵，决黄河南流入淮。从此，黄河北流之局基本结束。永济渠失去了上游来水的补充，以致"宣宗迁汴，故道湮废"。

永济渠在历史上有许多名字，在唐代诗人的诗作中可知还有"白渠""白水""清河""清川""淇水"等水路雅称指永济渠。宋代著名文人、政治家王安石沿大运河至临清永济渠时写下一首《永济道中》：

灯火匆匆出馆陶，回看永济日出高。
已闻空舍鸟乌乐，更觉荒城人马劳。
客路光阴真弃置，春风边塞只萧骚。
辛夷花下乌塘尾，握手何时叙汝曹。

李白通过大运河经临西（清）来到巨鹿郡的沙丘城，写下了一首《沙丘城下寄杜甫》。这首诗交代了大运河周边的地理环境，同时也是运河文化交融的证据。

我来竟何事？高卧沙丘城。
城边有古树，日夕连秋声。
鲁酒不可醉，齐歌空复情。
思君若汶水，浩荡寄南征。

二、相关传说

隋文帝开皇年间有一尚书省吏部侍郎，名为卢恺，他为政清明，宅心仁厚，政绩斐然，建议文帝“不杀老牛”的典故至今广为传颂。但在开皇十二年（592年）的一场宫廷辩论后，卢恺被隋文帝免官。

卢恺被免官后到河内郡温县、怀县探亲访友，此亲友就是温县常家。温县常家乃名门望族，其时的族长常绪乐善好施，贤名远播，但终生不仕。常绪夫人怀孕时，家里来了一位道骨仙风的老者，自称可以通天达地，洞察命运命理。常绪热情招待。老者称，常家添丁，其资质禀赋并无过人之处，但五尺木命佳，此子注定小材大用，只是须由醋贵人相助。若此，还可有后世数代显达非常。常绪忙问“醋贵人”为何人，老者缄口不答，飘然而去。常绪百般求解“醋贵人”不得，索性开办了醋作坊，做起了醋生意。不久，常绪夫人生一子，取名常何。

卢恺年逾五旬，膝下并无一男半女，每每因此郁郁寡欢。卢恺夫妇在常家住下数月，卢恺夫人突然发觉身子异常，郎中告知乃有身孕。卢恺惊疑，郎中称，系长期闻醋、食醋所致。不久，卢恺夫人生下一女。几年前常绪之子常何出生之前造访的那位老者又来到常家，为卢恺此女取名天垆。卢恺忙问何故，老者沉吟道，常家醋美，实因怀地一方垆土造化，此女命系天垆醋。常何和天垆以兄妹相称，情同手足，感情真挚。

次年，文皇帝下诏将卢恺召京复职。卢恺夫人无意京师生活，携女在常沟村不远处长期住下，那里后来形成了留后村，村名体现了当地人把女儿也当后代传人的观念突破。

隋炀帝登基之后，对内大施暴政，对外穷兵黩武。动用大量民力在怀县境内挖掘永济渠，连通卫河，直至京津。永济渠工程十分浩大，百万民工连明彻夜历时一年有余方得完工，因病、因饿、因劳累过度而死于工地者不计其数。天垆姑娘为人良善，她经常到永济渠边祭拜罹难民工。一天，在祭拜时，一叶小舟由沁河口而来，舟上一位神仙一样的女子招呼天垆上船，说道：“众多民工惨死，不是永济渠之过，而是炀帝之祸。炀帝乃天下巨邪首恶，唯有除此恶、辟此邪，才能百姓安好，天下太平。”天垆姑娘道：“我仅仅一至弱女流，辟邪去恶，万无此念。”神仙女子道：“无妨，只需随我修行 3 年。”

天垆乘船来到桃花峪，但见硕肥粗壮的桃树布满山头、山谷，好一处奇妙的神仙境界。原来，桃花峪位于邙山北麓、大河南岸，向北正对沁河入黄口，乃天下极阴之地，此处生长的桃树、桃花具有极阳之性。那位神仙女子就是桃花女，是灵霄宫玉女之原形，当年曾用桃花垆辟邪汤解救武王大军瘟疫之祸，始有武王伐纣成功的可能。

桃花女精心调教天垆，至隋代末年，天垆动员常何参加瓦岗军，自己则沿永济渠开设 7 家醋店，为瓦岗军劫掠官船提供情报，并在必要时提供掩护，帮助瓦岗军解决了重大的军需问题。此 7 家醋店在瓦岗军上下传为徐世勣妙计运筹，后来形成了 7 个徐店村。

三、遗产现状调研

大运河邢台段目前在防洪排涝、生态景观、农业灌溉等方面仍发挥着重要作用。因人为破坏较少，大运河邢台段较为完整地保持了漕运时期河道的规模与形态，体现了人工与自然结合的景观特征。近年，邢台着力打造永济渠历史文化走廊，以市境内的永济渠遗址为廊道，开展永济渠考古勘探工作，摸清故道遗存情况，依托故道建设遗址展示文化休闲绿色廊道，并沿故道两侧建设遗址公园，展示运河故道、故城深厚的历史文化内涵。临西县重点打造北湖公园运河文化项目、尖冢镇龙潭村非遗小镇；清河县恢复部分隋唐故道景观，形成环城公园，并与临西县城的北湖公园相连，形成完整的绿地景观和历史文化展示体系。2021 年，郑州大学研究团队运用多学科的研究方法，初步确定了隋唐大运河永济渠沁河故道的基本走向、具体方位、河道遗迹与标志物，获得了重大发现与突破性研究进展。

四、文化价值探究

大运河邢台段作为沟通南北的重要通道，历史上发挥了南粮北运、商旅交通、军资调配等功能，为运河经济发展提供了资源支持，也为运河史研究提供了大量翔实资料。在世界运河史上，中国古运河占据着极为重要的地位，永济渠更是在运河史上发挥过重要作用。在地面运输和交通条件简陋的时代，运河的开凿一般是围绕着漕运、交通、灌溉展开的。永济渠的开凿，使沿河两岸水运发达、货畅其流，从而促进了沿线的经济发展和经济转型。永济渠遗存承载的文化中就有因河而兴的商贸文化，永济渠促进了沿岸商贸型城镇的形成和发展，使邢台东部在隋唐至民国时期都是中国北方物资的集散中心。大运河见证了沿河城镇的发展历程，同时也是临西、清河两县城镇发展的主脉，在城镇空间结构的塑造中起到了决定性作用，如今沿线的城镇体系仍能体现出运河对其空间结构的影响。永济渠历经数代流经邢台东部地区，这里的原生态景观风貌、样态真实，是燕赵文化的重要空间载体，是河北段大运河的重要组成部分。永济渠见证了华夏的变迁，如今我们站在新的历史发展起点，深入挖掘大运河丰富的历史文化资源，保护、传承、利用好大运河文化这一祖先留下来的宝贵遗产尤为重要。

朱唐口险工

第一部分　文化遗产立档表

朱唐口险工		
档案号：XT003		建档时间：2022 年 3 月
编号	项目	内容
1	级别认定	全国重点文物保护单位
2	保护单位	邢台市清河县
3	简介	清末建成后到20世纪90年代，朱唐口险工经过多次修缮。险工长961米，有抛石坝、干砌石及浆砌石坝、井柱网格坝、青砖砌三合土坝，不同的材质代表了不同时期险工的不同做法，从侧面反映了大运河堤防治理在科学技术上的不断改进。目前，朱唐口险工已被确定为全国重点文物保护单位5。
4	文化遗产类型	物质文化遗产 / 水利设施类
5	图录精粹索引	A- 全貌 ························（A-1 ～ A-3） B- 局部 ························（B-1 ～ B-10） C- 其他 ························（C-1 ～ C-3）

A- 全貌

第二部分　文化遗产图录精粹

A-1　朱唐口险工

A-2 朱唐口险工

A-3　朱唐口险工

B- 局部

B-1　朱唐口险工局部场景

B-2 朱唐口险工局部场景

B-3　朱唐口险工局部场景

B-4　朱唐口险工局部场景

B-5　朱唐口险工局部场景

B-6　朱唐口险工局部场景

B-7　朱唐口险工局部夯坝

B-8　朱唐口险工局部夯坝

B-9　朱唐口险工局部夯坝

B-10　朱唐口险工局部夯坝

C- 其他

C-1 朱唐口险工文保碑

C-2 朱唐口险工简介碑

C-3 朱唐口险工简介碑

第三部分　文化遗产研究报告

百年险工
——朱唐口险工

一、历史文献记载

大运河是世界上开凿最早、最长的一条人工河道。清河，便是一座因运河而兴的县城。历史上，清河既是一个著名的码头，商贸繁荣，同时又由于紧靠运河，常受河堤决口带来的水患苦恼。在以往地方文献中，也不乏对清河与运河的记载。根据民国《清河县志》《清河水利志》等历史资料统计：在清河最繁荣的隋唐时期，清河发生水灾 15 次；两宋时期，运河决堤 6 次，每一次都可谓灭顶之灾，连清河郡城池也被水淹没；随后的元、明、清至 1963 年，河道决口 40 多次。

大运河朱唐口段的曲折河道是自然河道。历史上，曾多次想采取人工取直的方式改变这段运河流向，以减少决堤决口给沿河百姓带来的灾难。但水大时，运河水依旧冲破所有阻拦，回旋于此。古时候有“一弯顶三闸”的说法，这些弯道大多数时候能起到减缓水流、保护航船平稳的作用。有不少地方为解决河道落差大、水流急、常决溢等问题，人为设计了很多弯道。但弯道多也有弊端，每一个运河转弯处，水的冲击力过大，极易造成决口。因此，为了降低水患危害，“险工”这种为了防止水流淘刷堤防，沿大堤修建的护岸工程便应运而生。

险工，指在经常受水流冲击，容易贴溜出险的堤段常见的工程设施。有史书记载，清光绪年间大运河清河段河堤险处很多，当时计入的险工有 10 处，总长 1000 米左右。在诸多的险工设施中，朱唐口险工则是颇具代表性的一处。朱唐口险工位于朱唐口村村北，险工长 961 米，自清末建成后到 20 世纪 90 年代，曾多次修缮。

二、相关传说

在大运河朱唐口段的岸边，曾有数以千计的柏木桩，后来这些柏木桩被河水淹没。直到 20 世纪六七十年代，由于物资匮乏，部分柏木桩被当地村民挖出，完整木料被制成农耕器具、家什，腐烂较为严重的则直接进了百姓家的灶膛。据朱唐口村老人回忆，这些柏木桩都有碗口粗细，材质都非常好，高三四米，桩与桩之间有 1 米左右的距离，这些桩子被整整齐齐、均匀地栽到运河沿岸，有几百米见方。据说，这些柏木桩曾是乾隆下江南时用于修建行营的材料。

乾隆皇帝一共6次南下江南地区，沿运河自北向南巡访，途中经过清河，民间也有乾隆路过清河的故事。原来的那些柏木桩，上面搭有木板，建成房屋，为皇帝所用，名为皇营。皇帝巡察过后，木桩上的建筑拆除，而木桩由于植在河泥中较深或者以备后用，所以一直没有拆除。据朱唐口的村民讲，乾隆皇帝当初停留的位置就在朱唐口村附近，那些柏木桩就是佐证。

三、遗产现状调研

历经多次修缮，朱唐口险工目前为国家重点文物保护单位，拟作为清河运河文化展示核心中的重点进行相关建设。清河运河文化展示核心以油坊码头（月堤）与朱唐口险工约4公里的河段为重点，着重展示文化遗存、古代水运名镇遗址及其水工设施，突出因地制宜的古代北方河工水利技术和河北大运河水工文化主题。邢台市结合河北省大运河文化公园建设整体规划，编制了河北省朱唐口险工保护与环境治理方案，开展朱唐口险工保护工程。

四、文化价值探究

这段始建于清末的朱唐口险工，自修建以来屡次增改建，代表了20世纪不同历史时期险工的形式及施工方法，具有很高的水利科学研究价值。经过不断修筑、改建，形成了材质多样、砌筑方法叠加的朱唐口险工现状——青砖砌三合土坝、井柱网格坝、浆砌石坝、抛石坝等集于一身，从侧面反映了大运河堤防治理在科学技术上的不断改进，为研究清代夯筑技术和运河堤岸防护发展史提供了实物资料。[1]朱唐口险工作为大运河重要的水利工程遗存，体现了因地制宜的河工文化，为研究近现代防洪水利工程技术提供了重要的历史依据。

1.《流动的文化·行走大运河丨水韵悠长武风盛》，2022年3月18日，http://hebei.hebnews.cn/2022-03/18/content_8750398.htm，2022年8月10日。

油坊码头

第一部分　文化遗产立档表

油坊码头		
档案号：XT004		建档时间：2022 年 3 月
编号	项目	内容
1	级别认定	世界文化遗产 / 全国重点文物保护单位
2	保护单位	邢台市清河县
3	简介	油坊镇北王庄《王氏家谱》记载，明建文四年（1402 年），山东寿光县大王庄人王守中、王充德、王明德 3 人迁居广平府清河县王家庄（今油坊镇北王庄）。永乐时，王充德在村南开设榨油坊，再后李姓迁此定居，逐渐发展成村，“油坊”遂成村名。油坊码头是河北、山东等地的商品集散地，是大运河上较有名气的水陆码头和物资集散交流中心，被誉为“清河县的小上海”。明代，大运河漕运为南北主干线，油坊古镇是大运河上的重要码头之一，有客运、百货、煤炭等多种码头，总长 933.8 米，高 10.2 米。码头建筑材质以青砖为主，辅以干砌石、浆砌石等。
4	文化遗产类型	物质文化遗产 / 水利设施类
5	图录精粹索引	A- 全貌 ························ （A-1 ～ A-3） B- 局部 ························ （B-1 ～ B-7） C- 其他 ························ （C-1 ～ C-9）

A- 全貌

第二部分　文化遗产图录精粹

A-1　油坊码头鸟瞰

A-2　油坊码头鸟瞰

A-3　油坊码头鸟瞰

B- 局部

B-1　油坊码头主题碑

B-2 油坊古镇大门

B-3 照壁

B-4　仿制运河船舶雕塑

B-5 码头

B-6 码头

B-7　码头

C- 其他

C-1 油坊码头文保碑

C-2 油坊码头简介碑

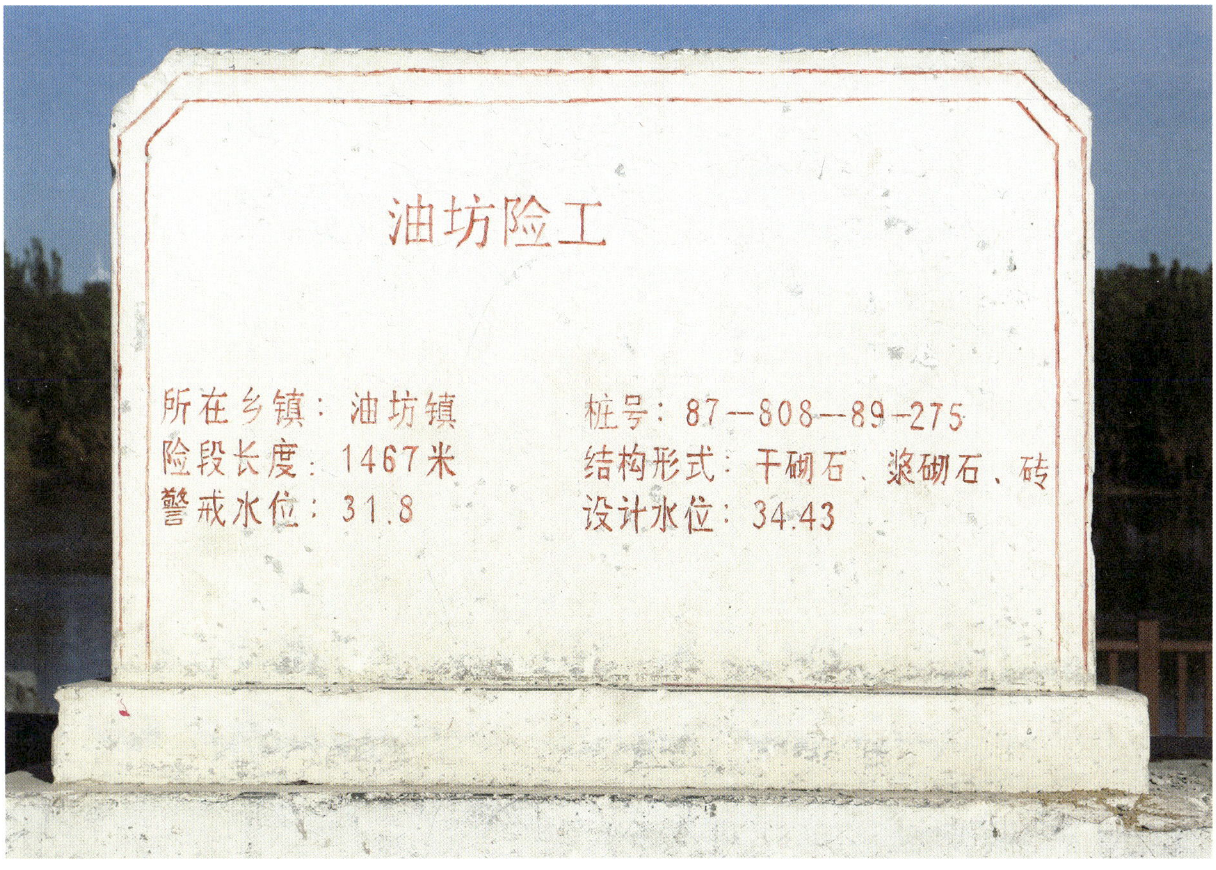

C-3 油坊险工碑记

客运码头
主要是南来北往的商
人、商贩、艺人、农民等
三教九流的各界人士来油
坊赶集、经商、卖艺、游
玩等。
运盐码头
盐码头主要是安徽商
人和山西、陕西商人为主
经营，他们开设盐场、店
铺进行销售。道光年间山
西蒲州商人在油坊建设盐
店进行
零售。
运粮码头
明清时期粮食的漕运：
由地方官府征收粮食储存于
粮仓，以官方根据军需进行
军运为主。南粮以籼米、稻
米为主，北粮以麦、豆、粟
米为主。

C-4—6　码头碑记

运煤码头
主要是北方的煤炭由天津、德州转运到油坊，销往各地，以山西和陕西商人经销为主。
日杂码头
主要是运输水果、丝绸、棉布、茶叶、衣帽、皮货、毛毡、油、书、纸、墨、烟、酒、漆、烛、海味等产品。
货运码头
主要是运输东北的木材，肥料、铁等较重的货物。

C-7—9　码头碑记

第三部分　文化遗产研究报告

清河“小上海”
——油坊码头

一、历史文献记载

油坊码头，位于邢台市清河县油坊镇大运河畔，是全国重点文物保护单位。据油坊镇北王庄《王氏家谱》记载，明建文四年（1402年），王守中、王充德、王明德从山东寿光县大王庄迁居广平府清河县王家庄（今油坊镇北王庄）。王充德在此开设油坊，此地逐渐由一个小小的村落，发展成为2000多人的大集镇。油坊码头是大运河上颇有名气的水陆码头、物资集散交流中心，成为河北清河、威县、南宫、故城以及山东高唐、夏津、武城等地的商品集散地，被人们誉为“清河县的小上海”。据史书记载，明代至民国初年，油坊码头白天桅帆不绝，夜间渔火闪烁，运输十分繁忙，密密麻麻的帆船把煤炭、食盐、百货日杂运到清河，把粮食、棉花等农副产品运往北方。当时的油坊城墙高约16米、周长1.5公里，城内有街道3条，建有北门、西门和南门，不仅商铺林立，还有崇兴寺、真武庙、观音庙、娃娃庙等大型庙宇。

明代宣德元年（1426年）设立“油坊河防厅”，清代设“县丞衙署大堂”，清河城的城市重心发生了明显的偏移。明代清河县令卢士杰对油坊码头的繁华景象进行了生动的描述：“舟车所至，络绎联云，骑步相兼，往来如织。地称名胜，而险壮京华，路通吴越，轴舻帆影达三江；壤接燕齐，鸡犬声喧四境，飘皇华之翠盖，堤边柳色参差；飞燕鷁之霓旌，波底霞光荡漾……”

从油坊镇形成的历史看，油坊发展为运河西岸较大的集镇应在清代中期以后。最早见于文献的应属清顺治十年（1653年）谈迁所著《北游录》：“壬寅。发二十里半边店。二十里清河县油房。齐贝邱。汉甘陵地。城在漕渠西三十里。又二十里临清渡口驿。盖临清、清河、夏津之交也。”“壬辰。霜寒。发五里渡口驿。驿故大聚。今耗矣。二十里油房。四十里半边店。”

二、相关传说

1. 康熙造字

相传，康熙皇帝沿大运河南下，去江浙一带视察民情，行至清河县地段，看到油坊码头一带富饶美丽景象很高兴，便询问跟随在身边的大臣这个运河码头集镇的名字。一位在直隶府任高官，祖籍是邢台的大臣说，前面是《水浒传》中打虎英雄武松的故乡——清河县。康熙点头称好，说这里是个英雄辈出、人杰地灵、风景优美的好地方，传旨在这里做官的朝廷命官，要治理好这个地方。

航船靠近岸边行驶，岸边水面上长满了荷花和芦苇，有一个小丫头在水边玩耍，顺手在水面提起了一支芦苇穗子，芦苇发出了一声“姿儿”的响亮声音。康熙皇帝心血来潮，问随行大臣：“刚才这个提芦苇穗子发出的‘姿儿’这个字应该如何写？”一位大臣说：“这是发出的一个声音，应该写作‘吱’字。”又一位大臣说：“应该写作‘呲’字。”康熙皇帝说：“都不妥，那都是动物发出的声音，怎么能用到植物身上呢。”资、姿、次、兹等，这些字都不行。那位直隶府大臣提出，中华既然无此字，就创造新字。经过反复讨论，大臣们认为创造这个字必须有以下几个先决条件：一是需用手提；二是提的是草本植物；三是必须长在水中、生在土中，此字应该写成扌、艹、水、土的组合才合适。康熙看后很是高兴，此字就这样流传下来。这个字只有在《康熙大字典》上才可以查到，其他字典、文字集成书籍都没有，这成了清河一段美丽的传说。

2. 乾隆识人

乾隆皇帝乘船沿运河南行，来到清河县油坊镇码头，他在龙船上看到运河西岸的油坊镇风景十分优美，便下令停下船到此一游。随行的大小官员、御林军卒鸣锣开道，旌旗招展、鼓乐齐鸣、威武雄壮。乾隆一行来到了油坊镇大街上，当地的老百姓闻讯后纷纷赶来看热闹。

老百姓知道是皇帝到来，都自觉地跪在了地下，足有几千人。乾隆皇帝在人群中发现有一个人跪着比常人站着还高。此人名叫李禹，两只脚丫子长得像个畚箕，因此绰号李大脚。乾隆皇帝得知李大脚会武便让他展示一番。李大脚熟练地打了一趟少林罗汉拳，又用自己的兵器大铁哨棒，挥舞了一番。乾隆皇帝看后大悦，决定把李大脚带在身边，先编入御林军当军卒，以后有了功绩再提拔重用。之后，李大脚几次挺身而出保卫了乾隆皇帝的人身安全，立下了赫赫功劳，被皇帝提拔为宫中四品带刀护卫，并赐封“玉带郎”“引龙侯”官爵。李大脚被奸臣陷害后，乾隆皇帝派专人把李大脚的灵柩送回其家乡清河县杨二庄，并下旨让当地府衙、县衙重金厚葬，谱写了清河县历史上一个光辉人物的英雄篇章。历史上确有李禹其人，据清同治十一年（1872 年）《清河县志》记载:“李禹，字涂山，清监生，杨二庄人，精算法通数学，身高异常，壮貌甚伟。值清高宗南巡，道经油坊镇。禹与同邑绅者跪迎，独于广众中翘然如立。帝召见之，奇其貌，遂引之至京……”

三、遗产现状调研

现存大运河油坊码头位于清河县城东南 15 公里处的卫运河河畔，是大运河上的重要码头之一，主要有客运码头、百货码头、运粮码头、运盐码头、运煤炭码头等，南北总长 933.8 米，高 10.2 米，材质以青砖为主，辅以干砌石、浆砌石等。历经数百年，油坊码头基本保存完好，但是因废弃时间较长，被河道内淤土掩埋，某些部位残损，有裂缝及酥碱现象。为保护和展示这一重要的大运河文化遗产，借助中国大运河申遗的成功，当地政府对油坊码头进行了维修，维修后的油坊码头又重现了昔日风采。[1] 根据国家文物局批复的维修方案，2014 年油坊码头维修保护展示工程开工。此次主要修缮内容为码头以及险工本体修缮保护、防护及环境治理。经过修缮，原有的码头和险工逐步被还原出来。清河县政府着力重点处理好保护展示与河道功能的关系，在保护遗产价值、体现历史风貌的前提下，结合本段运河输水、行洪等功用，做出全面展示方案。

1. 刘云波编著:《邢襄印记——邢台历史文化简明读本》，石家庄：河北教育出版社，2019 年，第 150 页。

四、文化价值探究

油坊码头作为大运河河北段仅存的砖砌码头，已与中国大运河一同列入世界文化遗产名录。目前，码头已重新修葺完毕，建筑状况良好，虽已不具备相关漕运、交通功能，但作为重要历史文化遗产进行展示。油坊码头是明末以后因运河而兴的集镇水运码头，具有使用时间长、功能完备（码头设置按运输的对象区分，互不影响）等特点。油坊码头作为大运河沿线重要的水利设施，具有重要保护意义和研究价值，为研究运河贸易、运河经济提供重要素材。油坊码头由砖砌而成，其驳岸、护岸均用青砖砌筑，不仅坚固耐用，而且大大提高了堤防抗击洪水的能力，对于研究我国古代水运设施历史提供了珍贵的物证。码头按运输对象分为客运、煤运、粮运等不同类型的码头，既扩大了码头工作空间，增加了营运量，又不致拥堵。这种对码头功能与空间利用的规划设计，在当时的生产力条件下具有一定的先进性和科学性，对研究古代水利工程历史具有重要价值。

贝州故城遗址

第一部分　文化遗产立档表

贝州故城遗址		
档案号：XT005		建档时间：2022 年 3 月
编号	项目	内容
1	级别认定	全国重点文物保护单位
2	保护单位	邢台市清河县
3	简介	贝州故城遗址位于邢台市清河县城东、城西两村周围。贝州城历史悠久，始建于北周。城为土墙夯筑，南北长 1.2 公里，东西长 2 公里，城池呈长方形，现城垣断续可见。北城角尚存 500 米，高处达 6 米；西北城角尚存 200 米，高 4 米；西南城角尚存 200 米，高 5 米。在城址内东南角，有一呈葫芦形的砖城。北周宣政元年（578 年）正月，周武帝“行幸邺宫。分相州广平郡置洺州，清河郡置贝州”。当时的贝州故城应该是利用了原来清河郡故城，在其基础上设置了一级州级行政府衙门。唐宋时期，贝州城进行了多次的重修。 隋代开挖的永济渠，使古贝州城成为大运河河畔重要的节点城市。唐代开始至北宋末年，贝州城进入发展鼎盛时期，享有“天下北库”的美誉，出产的锦、绮、绢、缣等特种丝织品成为主要宫廷贡品和出口贸易商品，其出产的绢号称“清河绢天下第一”。当时，江淮钱粮、棉帛、盔甲、兵器等军用物资和赈灾物品都汇聚于此。 2019 年，贝州故城遗址被列为国家级重点文物保护单位。
4	文化遗产类型	物质文化遗产 / 古遗址类
5	图录精粹索引	A- 全貌 ························ （A-1） B- 局部 ························ （B-1 ～ B-11） C- 其他 ························ （C-1 ～ C-5）

A- 全貌

第二部分　文化遗产图录精粹

A-1　贝州故城全景鸟瞰

B- 局部

B-1　贝州故城城门鸟瞰

B-2　贝州故城城门

B-3　贝州故城牌匾

B-4　城墙

B-5　城墙

B-6 故城遗址

B-7 故城遗址

B-8　城门门洞

B-9　城墙楼梯

B-10　城墙遗址

B-11　城墙遗址

C- 其他

C-1　贝州城址文保碑

C-2　贝州城址文保碑

C-3　石狮子

C-4 《东门修复记》碑刻

C-5 清河旧城址碑刻

第三部分　文化遗产研究报告

天下北库
——贝州故城遗址

一、历史文献记载

隋炀帝下诏开挖永济渠，利用曹魏时期的旧河渠将淇水、沁水、清水进行疏浚，还利用汉代屯氏河和大河故渎进行沟通，将漳水与漯水相接，形成隋代大运河一些河道。当时的黄河故道多泥沙，经常堵塞，难以行船。隋开挖的永济渠，使古贝州城成为大运河河畔重要的节点城市，也成了隋代至唐代北方的重要物资储存基地。《新唐书》记载："国家平日聚江、淮、河南钱帛于彼以赡北军，谓之'天下北库'。"《资治通鉴》记载：开元盛世时期，贝州有物资"布三百余万匹，帛八十余万匹，钱三十余万缗，粮三十余万斛"。《颜鲁公行状》中说："国家旧制，江淮郡租布储于清河，以备北军费用，为日久矣，相传为天下北库"，其"甲杖藏于库内五十余万，编户七十万，见丁十余万"。隋唐时期的贝州物富人多，是运河沿岸不可小觑的中等城市。

唐代贝州之战有两次。唐天宝十五载（756 年）安禄山叛军南下。贝州将领李萼，年仅 20 岁，胆略过人，与平原太守颜真卿联合，于贝州共抗叛军。第二次为唐兴元元年（784 年），泽潞节度使李抱真与恒、冀、深、赵四州节度使王武俊连兵救魏州，在贝州大败范阳节度使朱滔军队，粉碎了朱滔南下与朱泚合兵反唐的图谋。[1]

唐宋时期，贝州城进行了多次的重修，《清河旧志》记载说，故城为"宋元祐六年监官赵荐之重修"，《历代地理志韵编今释》贝州下注："今清河县治自宋元，赵荐之重修，城周九里，高二丈，阔二丈。"当时的贝州城已经改名为恩州城，但人们仍称其为古贝州城。

1. 刘顺超：《贝州故城遗址》，2021 年 4 月 25 日，http://www.xtrb.cn/epaper/ncwb/html/2021-04/25/content_1213880.htm，2022 年 8 月 10 日。

宋代王安石曾在此留下名篇《道逢文通北使归》："朱颜使者锦貂裘，笑语春风入贝州。欲报京都近消息，传声车马少淹留。行人尽道还家乐，骑士能吹出塞愁。回首此时空慕羡，惊尘一段向南流。"

据《清河县志》载，明正德七年（1512 年），在贝州故城的东南角改建清河旧城，城池缩小为砖城。墙内七外八共 15 层砖，中间夹夯土层，上面为 1 尺厚灰渣封顶。墙高 3 丈，宽 2 丈，墙上筑垛口，南面有马道可上墙。城东、西、南三面有城门，旧县衙位于城北部，背靠城墙无北门。城内原有规模较大的城隍庙、文庙、关帝庙、古城楼。现在东门基本完好，西门残缺不全，南门城墙砖基尚存，其他皆毁。明代清河城位于古贝州城东南角内。明嘉靖二十九年（1550 年）知县孟仲遴重修该城，于城门各建层楼一间，并外置吊桥，内竖牌坊，城门各自命名且悬挂匾额，东门称拱极，西门称晚翠，南门称迎熏。

古贝州景色也是清河古"八景"之一，清代多位诗人曾写诗咏叹。潘炤作诗《贝州斥卤》：

古郡名州只记年，大都无贝有闲田。
怕舒巴蜀千层锦，小借兜罗万叠绵。
似絮似盐飘匝地，非梅非雪散连天。
人民城郭由来久，掘井如何不及泉。

程泽清作《贝州晚霞》：

五色霞蒸半壁妍，贝州晚眺画图悬。
锦团雉堞浓分翠，绮散鲧堤淡接烟。
孤鹜遥飞官道外，群鸦乱噪女墙边。
绕郭风光游不倦，斜阳满树雨余天。

刘步岭作《贝州晚霞》：

今是清河古贝州，无边晚景望中收。
茫茫白水环城郭，片片红霞照戍楼。
也伴黄云铺陌上，从教紫气缀山头。
鱼鳞雉堞遥相望，十色五光远近浮。

二、相关传说

起义军领袖王则，出身涿郡农民，曾是宣毅军小校。王则利用贝、冀等州流传的弥勒教的传说，传布变革世道的舆论，并借弥勒教与德州、齐州的士兵、农民取得了联系。起义事先做了部署。吸取益州士兵起义的经验，准备在庆历八年（1048年）新正元旦，趁官吏们庆贺新年时，各地同时起兵，攻取河北。但这个计划事前被泄露，王则不得不在庆历七年十一月冬至节，提前发动起义。当州官们去天庆观拜谒时，王则率领起义士兵打开兵库，夺得武器；打开监狱，释放囚犯。随即逮捕了贝州知州张得一，占领贝州后，建国号安阳，自称东平郡王。庆历八年正月，仁宗派文彦博为河北宣抚使，以明镐为副使，领军围攻贝州。宋军攻城，久不能下。最后在北城急攻，乘起义军不备，在南城挖通地道，潜入城内。起义军突围而出，王则、张峦、卜吉等被俘。起义士兵仍依村舍作战，直到最后被焚牺牲。

元末明初之时，罗贯中作《平妖传》二十回，经过晚明通俗文学家冯梦龙增补改编，成为自明末以来通行的四十回本，后十回《叙风州王则永儿夫妇造反，文彦博得“三遂”之力加以镇压》就是根据王则起义的民间传说以及市井流传的话本进行整理而来的。

三、遗产现状调研

如今，古贝州城的大部分已经成了湖泊、残垣或耕地，遗存可见的是依州城东南角而建的古县城。当地政府近年来积极开展永济渠考古勘探工作，摸清故道遗存情况，依托故道建设遗址展示文化休闲绿色廊道，并在贝州古城遗址的基础上继续规划，拟建设贝州故城遗址公园等，展示运河故道、故城深厚历史文化内涵。贝州故城遗址的文物保护规划和考古遗址公园规划的编制及实施近年来也在顺利开展，当地政府积极谋划了贝州古镇项目，通过这些文化产业项目深入挖掘大运河文化内涵，打造靓丽文旅名片。

四、文化价值探究

一个城市的历史遗迹、文化古迹、人文底蕴，是这个城市生命的一部分。文化是城市的灵魂和名片，也是城市气质和内涵的重要表现形式。古贝州城凝聚了大运河历史上的众多故事，从古至今存留延续着当地忠勇淳朴、兢业安家的民风，古贝州城虽已不存完整的古老城墙，但其古朴厚重的文化气息始终深藏，是运河上孕育的一颗历史文化明珠。认清中华文明的来路，才能从中华文明的历史中获得自信。贝州故城遗址丰富的地上、地下文物对研究唐、宋、元、明历史具有重要的参考价值，千年古城的历史积淀也保存着清河人的精神原乡。伴随着大运河遗产的展示，贝州故城通过新时代的修复，向人们诠释最古老的文明，让更多年轻一代感受文化遗产的魅力，是增强文化自豪感、民族认同感和精神归属感的最佳方式。邢台当地继续塑造古今交汇的文化盛景，传承历史文脉、增强文化自信、统筹保护与发展的实践之路能使古贝州的故事在现代熠熠生辉，使历史文化的故地在未来也生生不息。

临清古城遗址

第一部分　文化遗产立档表

临清古城遗址		
档案号：XT006		建档时间：2022 年 3 月
编号	项目	内容
1	级别认定	全国重点文物保护单位
2	保护单位	邢台市临西县
3	简介	临清古城遗址位于河北省邢台市临西县县城东南的仓上村东，是北魏至金故城。遗址呈长方形，南北长3公里，东西宽 1.5 公里，占地面积 4.5 平方公里。北城墙、北城门遗址犹存。城内主要建筑有古县衙、钟鼓楼、文庙、奶奶庙、净域寺等，有多座汉代至北宋末年的古墓。出土有大量的瓷片，及出自宋代六大瓷系、五大名窑的大量瓷器。“水西临清”北城墙，是唯一一段幸存的古城墙遗址。钻探认定城墙为全泥土夯筑，墙底基部宽 25 至 27 米。此段古城墙，西起今“月华街”（西南折），东至今“跃进渠”东 98 米处（南折），全长 738 米。城墙中间辟有北城门；城墙西北角外为永济渠上的临清码头，称“北方第一大港”。 2013 年 5 月，临清古城遗址被国务院核定为第七批全国重点文物保护单位。
4	文化遗产类型	物质文化遗产 / 古遗址类
5	图录精粹索引	A- 全貌 ························（A-1 ～ A-2） B- 局部 ························（B-1 ～ B-11） C- 其他 ························（C-1 ～ C-3）

A- 全貌

A-1 临清古城遗址全景鸟瞰

第二部分　文化遗产图录精粹

A-2　临清古城遗址

B- 局部

B-1　净域寺正门

B-2　石雕

B-3　石雕局部细节

B-4　石雕局部细节

B-5　古城内场景

B-6 古城内场景

B-7　古城内场景

B-8 屋檐彩画

B-9 屋檐彩画

B-10　祖师道场应化之地碑

B-11　寺钟

C- 其他

C-1　临清古城遗址文保碑

C-2　临清古城遗址文保碑

C-3　临清古城北城墙遗址碑

第三部分　文化遗产研究报告

粟储水西处
——临清古城遗址

一、历史文献记载

临清古城遗址，为后赵、北魏至金“临清故城”。北魏郦道元所著《水经注》一书中记载：“田融言，赵立建兴郡于城内，置临清县于水东，自石赵始也。”这是“临清”这一地名第一次出现在史料记载中。临清古城因居于汉屯氏别河之东、西而分“水东临清”和“水西临清”。后赵时期，改清渊县为临清县（临清之名始于此），建城于今临西县仓上村东卧牛坑内，史称“水东临清”。北魏年间又建临清城于今临西县仓上村南北月洼中，史称“水西临清”。

“水西临清”东傍汉屯氏别河故道，西依永济渠和鲧堤，中间有西通赵都邯郸、东至齐都临淄的古驿道横穿，地理条件优越。它南北 3 公里、东西 1.5 公里，占地 4.5 平方公里。汉初平二年（191 年），同属反董卓联军的袁绍和公孙瓒为争夺冀州，在今邢台东部地区爆发了著名的“界桥之战”。这是一场消耗战，双方需准备大量粮草物资。大概在这一时期，袁绍在黄河（东汉故道）附近兴建军用粮仓，规模庞大。这粮仓便是后世临西县建城的萌芽，至今粮仓的位置叫仓上村。

隋代开挖的大运河永济渠段穿临清县而过。唐代，古县分赤、畿、望、紧、上、中、下 7 级，时临清县（治今临西仓上）为望县，乃贝州最大古县，析临清南部而建的永济城，与清河县同为紧县。古临清城，唐宋时为繁盛期，古城内辟有“清华坊”“南崇化坊”“北崇化坊”3 处。城内公私建筑栉比、楼堂馆所林立，尽显古城豪华。唐代古临清（今临西县）一派繁荣。唐宪宗元和八年（813 年）李吉甫所撰《元和郡县图志》（河北道一）中记载：“临清，紧，东北至州六十里。本汉清泉县地，后魏孝文帝于此置临清县，属魏郡，高齐省。隋开皇六年复置临清县，属贝州。皇朝因之……”又载：“永济渠在县城西门外。”成书于五代后晋开运二年（945年）的《旧唐书》中记载：“临清、汉清泉县，后魏改为临清，武德四年属毛州，州废，属贝州。”

“水西临清”北城墙是唯一一段幸存的古城墙遗址。城墙为全泥土夯筑，墙底基部宽25至27米。此段古城墙西起今“月华街”（西南折），东至今“跃进渠”东98米处（南折），全长738米。城墙中间辟有北城门；城墙西北角外为永济渠上的临清码头，称“北方第一大港”。官仓建筑群位于旧仓上村西南、今仓上砖厂东北的古永济渠东岸，东距古临清县城中心位置的钟鼓楼350米。官仓始建于初唐，没于北宋，为中国北方第一仓，储粮丰富，是国家正仓，为“魏博储粟之地”。

净域寺建筑群，因其居于“北月洼”之中，故民间俗称“月洼寺”。始建于初唐，历代屡有重修，清晚期荒废，最后毁于民国时期。净域寺有殿芜两重，山门、东西配殿齐全，建筑宏伟，规模宏大，“实一时之巨观也”。更因其有唐代著名僧人法藏主持，一时名声更振。现在的净域寺为临清古城遗址上的大唐净域寺2米高台遗址复建后的建筑。临清古城遗址内还有多座汉代至北宋末年的古墓。

二、相关传说

1.“朱棣临清选都”说

相传，明成祖朱棣当年从南京取胜，凯旋北归来到临清时，见临清古城水陆通达、街巷繁华、人文兴盛，是块风水宝地，便萌生了在此建都之意。但又考虑师出无名，会遇众臣阻拦，于是在县衙设一神坛，带众臣选箭祭之，祷曰：上天保佑，万里神箭，神箭万里，箭落之处，即为皇都城址……祭毕，在衙前选一高地，挽弓射之，因本意是想在县衙以西与大运河之间建都，故将箭向西射出。正当众臣困惑，箭将落地之时，由南向北飞来大雁一只，衔住箭杆向北飞去，直落大都（北京），因此朱棣只好仍按原意将北京作为定都之地。

2.“一州三县四眼”说

临清老砖城的南门永清门外有一眼井，虽打于何年无考，但井阔泉旺，水质清甜甘洌，为方圆百里内仅见。由于井口过大，人们去取水时常因晕井而出现危险之事，人们便选一较大石盘凿圆孔后罩于井口之上。圆孔一大三小共 4 眼，分别适宜于大筲（水桶）、小罐，取水时可依便用之。这就是四眼井的来历。

据传，清乾隆年间，临清由县升州，辖管 3 县（夏津、武城、邱县），三县官员到临清议事时，常在州官带领下由州衙步行去该井取水，于井旁树荫下品尝。但大孔只有州官用，三县官员只可在与各自方位对应的小孔内取水。

三、遗产现状调研

“水西临清”北城墙、北城门遗址犹存，北城门在北城墙中部偏东位置，北城墙基础宽 15 米，残高 1 米，夯土层明显，遗址有立碑纪念。当地政府积极筹划以境内的永济渠遗址为廊道，建设临清古城遗址公园。遗址以及遗址周围的勘探工作长期有序进行。城内主要建筑遗迹自南而北主要有古县衙、钟鼓楼、文庙、奶奶庙、净域寺等。城内建筑集中区在钟鼓楼和文庙之间。在古城东南角向南 600 米，有多座汉代至北宋末年的古墓，当地正有序开展抢救性挖掘工作。

古城内历年来出土器物有：刻画符号的石斧、石弹、石磨；历代瓦当、石柱础、兽吻等建筑用砖石构件；南北朝灰陶、唐代红陶；南北朝、隋、唐青瓷、三彩器；铁质三足釜、铜箭镞等铁铜器。也有大量陶瓷残片出土，有汉魏时期的，更多是唐宋的。唐代瓷片以黄釉瓷器瓷片为主，还有邢窑和越窑的白瓷和青瓷瓷片。其中发现有邢窑的三彩瓷器瓷片。宋代时的瓷器残片更为丰富，这些残片分属当时的磁州窑、建窑、吉州窑、临汝窑、景德镇窑、定窑等六大窑系。

四、文化价值探究

北魏临清古县城，持续使用时间600余年，是华北南部平原较大的一座古代城址。其地下文物埋藏丰富，出土的大量瓷片是唐、宋前后制瓷业形态、流通情况的历史见证。临清古城遗址具有较高的考古价值，是研究冀南平原旧城面貌、风土人情、城市发展的珍贵资料，对研究中国古代城市发展具有重要的历史价值。[1]流动的运河往往在重要空间节点形成地位较高的运河城市，位于卫河和会通河交汇之处的临清就是因“运”而兴的城市。临清有着运河城市文化的独特性，这就决定了作为运河城市，其职能多以漕运、商贸为主，兼具政治及军事功能。除此之外，运河城市往往形成多元开放的文化环境，亦是文化名城。在运河发展史上，临清记录了因河水的流动而生发的文明的力量。[2]提炼运河文化符号，优化历史文化环境，能够再现古老临清的魅力，对使运河文化成为临西地域文化的名片具有重要的现实意义。

1.《临清古城遗址简介》，2016年3月9日，http://info.linxi.gov.cn/content/7140.html，2022年8月10日。

2. 常玉荣:《古城临清的运河城市特征研究》,《邢台学院学报》2019年第4期。

清真寺

八里圈清真寺

第一部分　文化遗产立档表

八里圈清真寺		
档案号：XT007		建档时间：2022 年 3 月
编号	项目	内容
1	级别认定	河北省重点文物保护单位
2	保护单位	邢台市临西县
3	简介	明正德年间，回族王姓兄弟因运河繁盛在八里圈区域聚居，后形成村落，至今已有几百年的历史。八里圈清真寺南北、东西各长 57.5 米，面积约 3305 平方米。主建筑西大殿面积 360 余平方米，四周建有南、北讲堂及对厅、沐浴室共 21 间。八里圈清真寺始建于明宣德年间，中殿建于嘉靖年间，清道光年间增建抱厦，清末增建后殿。寺内建筑自东往西依次分布为：寺门、古棚出厦、前殿、后殿、拱窑式殿。原占地规模较大，后被民房所占。八里圈清真寺建筑为研究明清时期建筑艺术提供了实物资料，后殿的斗拱木建筑及大殿两侧的雕刻刻工技艺高超，代表了古代建筑艺术的较高水平。
4	文化遗产类型	物质文化遗产 / 宗教类
5	图录精粹索引	A- 全貌 ……………………… （A-1 ～ A-2） B- 局部 ……………………… （B-1 ～ B-7） C- 其他 ……………………… （C-1 ～ C-10）

A- 全貌

A-1　八里圈清真寺全景鸟瞰

第二部分　文化遗产图录精粹

A-2　八里圈清真寺全景鸟瞰

B-局部

B-1　清真寺正门

B-2 屋檐

B-3 屋檐、脊兽

B-4　屋檐、脊兽

B-5　屋檐

B-6 房檐

B-7 礼拜堂内景

C- 其他

C-1　牌匾

C-2 牌匾

C-3 牌匾

C-4　牌匾

C-5 石碑局部

C-6 石碑局部

C-7　碑刻

C-8　碑刻

C-9　八里圈清真寺文保碑

C-10　八里圈清真寺文保碑

第三部分　文化遗产研究报告

清真古迹
——八里圈清真寺

一、历史记载

明正德年间，回族王姓兄弟二人由山西洪洞县迁来，靠卫运河湾居住，以种菜谋生，当时人们习称此地为八里湾。后王姓人丁发展，此地易名王家园。清末，洪秀全起义，谣传太平军不住带“圈”的村庄，因此地离临清城8里，故改村名八里圈。

八里圈清真寺位于东枣园乡八里圈村，始建于明宣德年间，是邢台市较为古老且保护完整的古寺，也是冀东、鲁西一带著名的清真寺之一，是研究明清时期建筑艺术的实物资料。

二、遗产现状调研

八里圈清真寺共有4进，其殿顶繁复和不同部分与在不同时期建造有关。一进为古棚出厦，古棚飞檐4出，上有盘龙卧兽。二进为前殿，始建于明代初年，抬梁式木结构，西阔3间，长11米，进深11米，有明柱4根，暗柱4根，柱高3.3米。前殿分前、后两部分，相互连通，俱皆起脊，青色方砖铺顶；古棚与前殿中间有10扇高大木隔栅，隔栅上部是别具一格的花窗棂，下部饰木雕花纹，中间是两扇木质大门，大门上方有硬木大匾一块，上书“与天同体”4个鎏金大字。三进为后殿，西阔3间长9.7米，进深两间6.42米，梁架为抬梁式结构；中部为攒尖式天井，内有木质明柱4根；中间中部为钟楼，其西墙正中辟有一龛，为真主灵位所在，上书伊斯兰文；上部有一长方形墨书匾额，书伊斯兰文；再上部为砖砌的门扇建筑，两侧为桃形门簪，上部起栏额，两侧起变形栌斗；再上部为两层砖砌的油额，油额上部为飞椽两层，门面饰以瓦垄、瓦当及滴水。四进为拱窑式殿堂，后殿与拱窑式殿中间有隔墙，隔墙中间有 3 个凯旋式拱形大门，殿顶用木料叠成方形突起，是全殿最高处，顶端距地面 23 米。[1]

整体建筑及寺内古松、古桑、古槐等保护良好，八里圈清真寺仍作为区域宗教场所使用。2008 年，八里圈清真寺被公布为省级重点文物保护单位。

1. 李恩玮，石从枝编著：《文明的见证：邢台名胜古迹》，北京：方志出版社，2010 年，第 67 页。

三、文化价值探究

八里圈清真寺距今已有几百年的历史，该寺规模较大，保存完整，是研究明清时期建筑艺术和宗教历史、大运河史的宝贵实物资料。八里圈清真寺为临西运河文化中的展示重点，文化展示利用沿途物质与非物质文化遗产，展示因河而兴的人文特质，彰显运河重镇的历史文化底蕴。人类历史进程中，大运河从容奔流，八里圈清真寺因运河而建，与运河有千丝万缕的联系，它见证了千年运河积淀的文化如何生生不息，同时也作为运河两岸历史沉淀的印记代代永传。古老的八里圈清真寺，不仅是宗教场所，也守护着一方乡民；如今的八里圈清真寺，已成为大运河文化纽带上重要的一处，凝聚着弥足珍贵的人文精神，连接着一片地域的过去、现在以及未来。

元侯恩赐
千载颂扬
两朝皇封
百代流芳
元侯祠

元侯祠

第一部分　文化遗产立档表

元侯祠		
档案号：XT008		建档时间：2022 年 3 月
编号	项目	内容
1	级别认定	世界文化遗产 / 清河县重点文物保护单位
2	保护单位	邢台市清河县
3	简介	元侯祠位于河北省清河县滕蒿林村，为纪念清河县明代嘉靖年间神童滕经而建。滕经，天资聪颖，明嘉靖年间应试不第，23 岁落水而终。明嘉靖皇帝敕封“北河平浪小圣”，清康熙皇帝敕封“护国镇海显佑济运平浪元侯灵应尊神”。为纪先贤，建祠纪念，自明清至今依存。2007 年，元侯祠被公布为县级文物保护单位。2014 年 6 月，元侯祠旧址列入世界文化遗产名录。
4	文化遗产类型	物质文化遗产 / 宗教类
5	图录精粹索引	A- 全貌 ························（A-1） B- 局部 ························（B-1 ～ B-9） C- 其他 ························（C-1 ～ C-3）

A- 全貌

第二部分　文化遗产图录精粹

A-1　元侯祠全景鸟瞰

B- 局部

B-1　元侯祠牌匾

B-2　元侯祠正门

B-3　元侯祠功德亭

B-4 雕像

B-5 房檐

B-6 房檐

B-7　正厅木质屋梁

B-8　立碑

B-9　立碑

C- 其他

C-1 元侯祠文保碑

C-2 滕蒿林碑

C-3 元侯祠旧址世界文化遗产碑

第三部分　文化遗产研究报告

小圣默佑
——元侯祠

一、历史文献记载

滕经生于明正德十六年（1521 年），是滕蒿林滕氏家族五世人。他自幼聪颖，4 岁就能背诵四书五经，7 岁便能挥毫泼墨、吟诗作赋，12 岁补弟子员，能双手写字，目观八行，过目成诵，号称神童。不仅如此，滕经还乐于帮助穷苦百姓，附近村中人家凡有红白喜事、书写文书，无不求助于他，滕经总是有求必应，热情相助，受到乡亲们的赞扬和喜爱。

据《元侯龙神庙碑记》载："年十二补弟子员，当时号为神童，明嘉靖二十三年顺天乡试，归至天津坠河死。"清同治年间《清河县志》载："敕封北河平浪小圣滕经生于正德十六年八月二十二，双手写字、目观八行，自幼称为神童，嘉靖十二年，年十二岁入泮。嘉靖二十三年北闱应试不第失河落水。"

当时税多赋重，民不聊生。滕经看到贪官污吏处处欺压百姓，心中不平，于是暗暗立志，将来一定要为官，做一个为百姓撑腰、为穷人办事的好官。为此，他更加努力读书。成人后，明嘉靖二十三年（1544 年）顺天应试，乡亲们都催滕经进京赶考，并赠一面大旗为他壮行，旗上大书"天下第一"。滕经心中感激，当下立誓：若不高中，决不还乡。

主考官看了滕经的答卷，暗暗佩服称赞，认为滕经是一个难得的人才，将来必成大事，于是便暗示滕经拜为自己的门生。但滕经看到许多为主考官送礼的考生，心中不齿，认为朝廷应靠能力招贤，所以一直不进主考官的府第。主考官恼怒之下，把滕经本来排名第一的考卷抽了出来压在最后。揭榜这天，滕经榜上无名，榜上有名的都是富家子弟，贫苦书生无一考中。

滕经欲找主考官评理，可是连主考官的府门都无法靠近。在回家的船上，滕经想起百姓们的希望、乡亲们的嘱托、自己的豪言壮语，想起考场的黑暗、奸臣当道、朝廷腐败，他失望了，觉得报国无门，心中非常郁闷，船至天津时，失足落水而亡，享年23岁。后嘉靖帝调来滕经的考卷一阅，痛斥主考官误国，封滕经的考卷为“状元卷”，并敕封滕经“北河平浪小圣”。[1]

1.《〈清河史话〉元侯祠里说滕经》，2019年10月31日，https://www.thepaper.cn/newsDetail_forward_4845007，2022年8月10日。

家乡的百姓为怀念滕经，倾力为滕经立碑建庙，每天朝拜的香火不断，“山东一大圣（孔子），河北一小圣”的说法在沿河百姓中流传开来。后来发展到北起北京，南至黄河，相距数十里，就有一座“小圣庙”。

相传，清康熙帝南巡经过清河县渡口驿驿站时，忽然鱼跃舟上。康熙问随从何故，随从答曰：“是滕经给万岁送礼来了。”康熙问明滕经其人其事，龙颜大悦，亲笔御封滕经为“护国镇海显佑济运平浪元侯灵应尊神”。

元侯祠建于嘉靖二十三年至隆庆六年之间（1544年至1572年），原名为小圣祠堂。相传小孩放在祠内不哭不闹、无病无灾。几百年来人们祈求小圣拯救子孙、防水患，保一方平安。清人王殿甲撰写的《元侯祠碑记》载：“前丁巳夏秋之交，直东一代处处水溢为害，吾邑居运河之西，地势于下尤难免为巨寝。乡人大恐共赴神祠，默祷，而河之西堤独免横决。越二年庚申旱魃为虐，畿东西两省，赤地千里，乡人又大恐，相率赴神祠祈雨，而近村果降甘霖，独获丰收。”碑文记述了小圣神通灵验、庇佑苍生的传说。同治年间，在旧县城为滕经立大王庙，庙内有匾额，其匾文曰：“安澜永济，润国泽民，江汉朝宗，风波显应，水府耀灵，海邦普润，永庆安澜，力障狂澜，默佑群黎，海晏河清，公庆安澜，安澜佑民，佑民泽普，祖功默佑，深荷庇佑。”

元侯祠在历史变迁中，原址上曾有过3次修复。民国六年（1917年）第二次修复时，前清翰林院庶吉士王殿甲书丹“元侯祠”，并赠送匾额挂于门楣。王殿甲，晚清进士，曾先后任四川省南江县和宜宾县知县，著有《遁翁集》4卷传世，是清河近代名人，他题写的元侯祠匾额真迹极其珍贵，此匾额被清河县人民政府列为县级重点文物保护单位。

二、相关传说

相传滕经本是龙子下凡，来辅佐皇帝治理天下，所以他赶考途中龙王差人送书到滕经所乘坐的船上，希望他临阵磨枪。滕经一目十行，看完一本书，提笔复写，一字不差。进了考场，考题原来就是船上所读书中的内容。

滕经落水当晚，托梦给嘉靖皇帝，诉说缘由，因此嘉靖皇帝第二天早朝时才翻阅考卷。滕经落水后，龙王派众水族把他接入龙宫并禀报玉皇大帝，玉帝封滕经为江河湖泊的“河神大臣”。作为“河神”的滕经，怜天下苍生，忠于职守，造福百姓。他念念不忘乡里乡亲，传说如在水上遇险，只要喊一声“船上有清河人”，立即会风平浪静，这都是滕经在力挽狂澜，庇佑家乡父老。

三、遗产现状调研

元侯祠原址已无存，2004年有滕氏家族十八世人滕殿卿发起募捐重新修葺，是年当地恢复了古历五月十七、九月二十二古会。元侯祠大殿房顶有二龙戏珠红瓦镶铺，院内碑刻十几块，殿内供奉着元侯、圣母，东、西壁绘画二十四孝。该祠目前保存良好，香火绵延，仍然作为运河沿岸一种特色民间信仰存在，并作为区域宗教场所使用，每逢农历初一、十五，信仰者蜂拥如织，院内香火缭绕。清河县人民政府于2006年确定“元侯祠”匾额为县级重点保护文物。2014年，元侯祠旧址列入世界文化遗产名录。

四、文化价值探究

滕小圣的故事经百年而不衰，是珍贵的非物质文化遗产，两代御封、名人题撰、神奇传说、百姓传颂，对于研究古运河文化的形成和传播有着重要的意义。元侯祠作为物质遗产，凝聚了一代代人们对古人的景仰与敬畏之情，是缅怀古人、追忆古人的场所。元侯祠作为卫运河两岸数百里百姓信仰的圣地，在人们心中有着举足轻重的地位。过去人们把对消除天灾人祸、追求幸福生活的希望寄托在神灵的保佑上，形成了一种民间信仰。人们举办纪念活动朝拜小圣，祈求生活幸福、日子平安，祈盼生意兴隆、事业发达。每年定期的庙会祭祀活动，将这种信仰推向高潮，进而又形成了一种特定的文化空间。元侯祠代表了一种地域性的民俗文化，时至今日仍值得人们仔细地去研究和探讨；这种具有多样性的文化，也体现出中华民族经历5000年形成的丰富多彩的文明内涵。

拆堤开沟碑

第一部分　文化遗产立档表

拆堤开沟碑		
档案号：XT009		建档时间：2022 年 3 月
编号	项目	内容
1	级别认定	无
2	保护单位	邢台市清河县
3	简介	拆堤开沟碑，全称“清武拆堤开沟碑”，位于清河县连庄镇小范庄村内，刻立于清乾隆三年（1738 年）闰九月，由当时的清河知县金世昌和武城知县王殿显同立。 碑高 212 厘米，宽 88.5 厘米，厚 22 厘米，碑座为红砖。碑中主要记述山东和直隶跨省的水利纠纷。明代嘉靖年间，由于清河县内多条河道未及时疏浚，县内客水对相邻的武城县造成很大水患威胁。武城县为防止客水水患，在与清河县令协商无果的情况下，修建毛家堤抵御洪水。但该堤的修建使得洪水倒灌，加剧了清河县洪水灾害。万历年间洪水肆虐，山东、直隶两省的官员实地考察疏通河道、修建堤坝，使两县人民百年内免受洪灾侵扰。之后，由于行政区划的分割，加之封建政府无能，排水河道因无人疏浚再次淤浅，又出现嘉靖年间的情况。清代直隶、山东两省官员经过调查，得出了“堤不拆则水患在清邑，河不疏则水患又在武城”的结论。当时的直隶总督李卫批示：“两邑皆下游，受害相同。理当共秉公心，御灾捍患……嗣后武民不得潜地增高，将现在壅积之土仍填拆口之内，并将来挖沟之土再行壅蔽堤旁。清邑亦不得将续有淤塞之沟，不行勤加挑浚。则彼此均免垫溺之害，而有衽席之安。”自此，两县拆堤开沟，并于乾隆三年闰九月在县界立碑约定。
4	文化遗产类型	物质文化遗产 / 石刻、碑刻类
5	图录精粹索引	A- 全貌 ……………………… （A-1） B- 局部 ……………………… （B-1 ～ B-2） C- 其他 ……………………… （C-1）

第二部分　文化遗产图录精粹

A- 全貌

A-1　拆堤开沟碑正面全貌

B- 局部

B-1　碑体侧面

B-2　碑体基座

C- 其他

C-1 拆堤开沟碑世界文化遗产碑

第三部分　文化遗产研究报告

两地同心
——拆堤开沟碑

一、历史文献记载

清武拆堤开沟碑记录的是清河与武城之间的水利纠纷，这场纠纷发生时间早，持续时间长，历史上还曾有死伤多人的记述。

明清时期的武城县西南部与直隶河间府清河县东北部接壤，清河县内原有一条古代遗留下来的一字河，由东潘庄逶迤入武城界，经过武城减水闸入蔡河，在三官庙村入运河，可泄清河县东北部和武城县西南部一带的积水。

明嘉靖中后期，由于这条河流长时间没有得到疏浚，清河东北部的客水难以流进运河，武城县西南部的一些村庄被淹。武城县知县多次与清河县衙协商共同疏浚一字河，可清河知县因县民受害较轻不予理睬，在协商无果的情况下，武城知县于嘉靖三十七年（1558 年）召集民夫于运河西接一字河，筑横堤 20 余公里，使清河县境内的洪水再也无法流入武城县境内。修堤行为深得武城百姓的拥护，整个堤坝虽然动用土方上百万，但仅用了两个月的时间就完工了。这条堤坝所处的位置是西起武城县西南端的毛家庄（今故城县毛店村），东至卫运河边的西李村（今故城县徐里村）止，所以当地人习惯称其为“毛家堤”。又因倡导修建这条堤坝的是时任武城知县谢梦显，武城百姓也称其为“谢公堤”。

毛家堤建好后的第四年，即嘉靖四十一年的初秋，清河县东北部大水为患，由于毛家堤的阻挡，清河县几十个村庄陷入一片汪洋。清河知县要求武城知县出面开毛家堤泄水，武城知县不肯答应，并且号召附近村民联合起来昼夜护堤，防止清河县民将堤堰偷偷挖开。如此一来，清河与武城县界的水利争执不断，且事态一步步扩大，最后两省交恶，将官司打到朝堂，朝廷下令由两省使者平其事。武城人不服裁决，最后毛家堤还是保留了下来。[1]

隆庆三年（1569年）夏秋之交，运河在清河县境内决口，加上连日暴雨，清河县民死于洪水者甚多，连清河县城墙也淹没数砖。洪水所过之处，高地成为岛屿，平洼之处尽为湖泊，一片凄凉。毛家堤虽然由武城县民昼夜防守，但过大的洪水还是将毛家堤冲坏，运河西岸的武城县、故城县的多个村庄因此陷入一片汪洋。身为礼科右给事中的故城人周世选在家养病期间，目睹了这场水患，写下了一首七言律诗："茫茫烟水浪花新，村北村南不见人。远寺依稀三岛岸，平畴渺漠五湖津。田家坐苦秋场废，园守空嗟露井湮。眼底凄凉无限事，西风回首自沾巾。"[2]时任武城知县金守谅在《毛家堤水利条陈》中称，洪水从武城西南的毛家庄新筑护水长堤冲过，直灌运河，直至武城县城之下。大水"横流散漫平地一丈有余"，南去夏津10公里，东去恩县7.5公里，西去枣强、南宫15公里，北去故城25公里，无处不是洪波滔天，难辨境界，县城城墙几近崩裂。根据金守谅的记载，武城全县有200余人丧生，淹没民田4万公顷，幸存下来的人或躲到树上居住，或赤身于暴风骤雨之中。更严重的是，水淹半月之后，等水退去，四处尽是淤泥，田里的庄稼荡然无存。金守谅哀叹："盖非止十室九空，实已十室十空矣！"

万历六年（1578年）春，带冰的河水再次冲进清河县境内，10余顷民田无法下种，三老田宦、教谕联合诸生写申诉信要求拆堤开渠。于是山东、直隶两省的官员派人来实地考察，招募水工与境内老人，观地形，准高下，并加深加宽了一字河等河道，逾月报成。同时又督夫千余，修漕堤20公里。自此以后，在将近百年内两县边民没再遭遇类似以前的洪灾。

但由于行政区划的分割，加之封建官府的无能，封建当权者不能从全局或根本上考虑水患的治理问题。百年后，一字河等排水河道因无人疏浚再次淤浅，又出现嘉靖年间的情况。清乾隆三年（1738年），运河在清河县决口为患，深受其害的武城百姓又将毛家堤修筑起来。清河县不堪洪水肆虐，遂再次讼于上官。直隶、山东两省官员经过调查，得出了"堤不拆则水患在清邑，河不疏则水患又在武城"的结论。当时的直隶总督李卫批示

1.《清河县300年古碑见证跨省跨朝代水利官司》，2019年6月25日，http://www.dzwww.com/shandong/sdnews/201906/t20190625-18868592.htm，2022年8月10日。

2. 谢肇淛：《河北纪余》，台北：台北商务印书馆，文渊阁四库全书影印本，1983年。

道："两邑皆下游，受害相同。理当共秉公心，御灾捍患……嗣后武民不得潜地增高，将现在壅积之土仍填拆口之内，并将来挖沟之土再行壅蔽堤旁。清邑亦不得将续有淤塞之沟，不行勤加挑浚。则彼此均免垫溺之害，而有衽席之安。"

围绕毛家堤的兴废，当年的清河县与邻县武城县打了将近两百年的官司，从明代一直到清代。很多有识之士评论道：夫天下一家，土壤相接，而欲以邻境为壑，其谓之何？然此犹争于末流也。防不弛，则河不决；渠不淤，则决不为灾，于是有浚渠之议。乾隆三年闰九月，两县知县于县界立碑。自此，毛家堤便消失于历史长河中。

清武拆堤开沟碑文

浚沟一案详称。该本道等会看得，清武两邑拆堤开沟一案。议着武民挑沟，清民疏河者，大名道与曹东道之愿议也。嗣后武邑官民，以土筑堤，未肯著意拆毁，清邑蔡河亦未疏浚，以至互相请职道等复勘。职道等于本年四月内带同两府县，会同勘议。总之，堤不拆，则水患在清邑；河不疏，则水患又在武城县。职道等原议平允未便，听从两邑之官民，以自私自利之意见，遂废原议檄文，两府县应拆者拆，应浚者浚。去后，兹据该府县详报前来，武邑之堤自毛家店起至徐里村止，拆口三百七十四个，共计长一千九百六十七丈九尺。内有毛家店、安家洼四处，范家庄三处，孙家窑、许家窑、张家庄、王程村共十二处，挑浚平坦，可以分水之势，其余参差残缺，虽未尽平坦，亦可出水。清邑之河，自段沙土起，接连徐里村，武邑之沟头止，淤塞应疏之处共十段，计长九百四十丈，未疏之段不至壅流，均可引水入河。经两府复勘，具报完工，职道等复会同复勘允属。如式嗣后，每遇挑沟，两县予期关会，亲至该处，令夫役将土挑去，不得堆弃堤旁，其现在堆积之土，亦不得仍填拆口以内。倘武民拆口后，潜地增高，以至壅塞上流者，官参吏处；而清邑不将蔡河时为挑挖，任其淤塞者，罪亦同之。据两县令，将文勘过，开浚堤河之尺丈宽深，造册申送，存案前来。职道等查核无异，相应据实，详情宪台查核批示，以便饬令两邑立碑送摹，永远遵行无替，则两邑百姓均蒙造福无既矣。等因蒙直督李批，两邑皆下游受害相同，理当共秉公心，御灾捍患。今武城之堤，虽未尽如原议，拆去平坦；清邑界沟亦有未尽疏浚之处，然既开拆，以出水疏通，两无壅障，该道府会勘已明，俱可无庸深求，以节民力。嗣后武民不得潜地增高，将现在壅积之土，仍填拆口之内，并将来挖沟之土再行壅蔽堤旁；清邑亦不得将续有淤塞之沟，不行勤加挑浚。则彼此均免垫溺之害，而有衽席之安。不但两令当各加约束而勿渝，亦有望于莅兹土者，恪守成规，永息纷争也。仰布政司即转饬遵照。仍移咨山东总河督院会核，饬遵立碑，永远遵守。取两县印结，遵依碑摹，呈送各院备案存查。乾隆二年闰九月。清河知县金世昌，武城知县王殿显，合两邑士民同立。

二、遗产现状调研

中华人民共和国成立后，党和国家对农田水利建设十分重视，清河县委县政府与武城县委县政府在拆堤开沟碑遗址附近继续挖沟引水，灌溉农田，筑成今天的辛堤干渠。如今，刻有两县约定的石碑仍立于清河县连庄镇小范庄村中，清河县文物部门为该碑刻建档并每年巡查。但由于碑刻材质以及该碑所处位置问题，目前碑刻由于风化作用，字迹模糊难以辨识，碑座被车辆剐蹭痕迹较为明显。

三、文化价值探究

“水兴方得城安”是千年来的共识。拆堤开沟碑背后虽然有两地纷争的旧案历史，但也充分反映了水利治理对一方人民的重要影响。古时水利治理直接影响了防洪、排涝、农业灌溉，现在随着人们治理观念的提升，水利工程更是国民经济基础设施的重要组成部分，对生态环境有直接影响。沿大运河一带，水利千百年来更是农业的命脉和生命安全的命脉，大运河为沿岸人民的农田带来灌溉保障，同时也带来洪涝隐患。毛家堤的拆除和清武拆堤开沟碑印证了优良的水利设施兼顾多地多方的需求，能够发挥保障民生的作用。

图书在版编目（CIP）数据

河北大运河文化图谱．下部．邢台卷 / 宋少俊，张浩然，杜浩编著．-- 保定 ：河北大学出版社，2023.1

ISBN 978-7-5666-2059-0

Ⅰ．①河… Ⅱ．①宋… ②张… ③杜… Ⅲ．①大运河-文化遗产-保护-邢台-图谱 Ⅳ．① K928.42-64

中国版本图书馆 CIP 数据核字（2022）第 196438 号

河北大运河文化图谱（下部）

邯郸卷

河北大运河文化图谱

邯郸卷

（下部）

宋少俊　张浩然　杜浩　编著

HEBEI
DAYUNHE
WENHUA TUPU
XIABU
HANDAN JUAN

河北大学出版社
·保定·

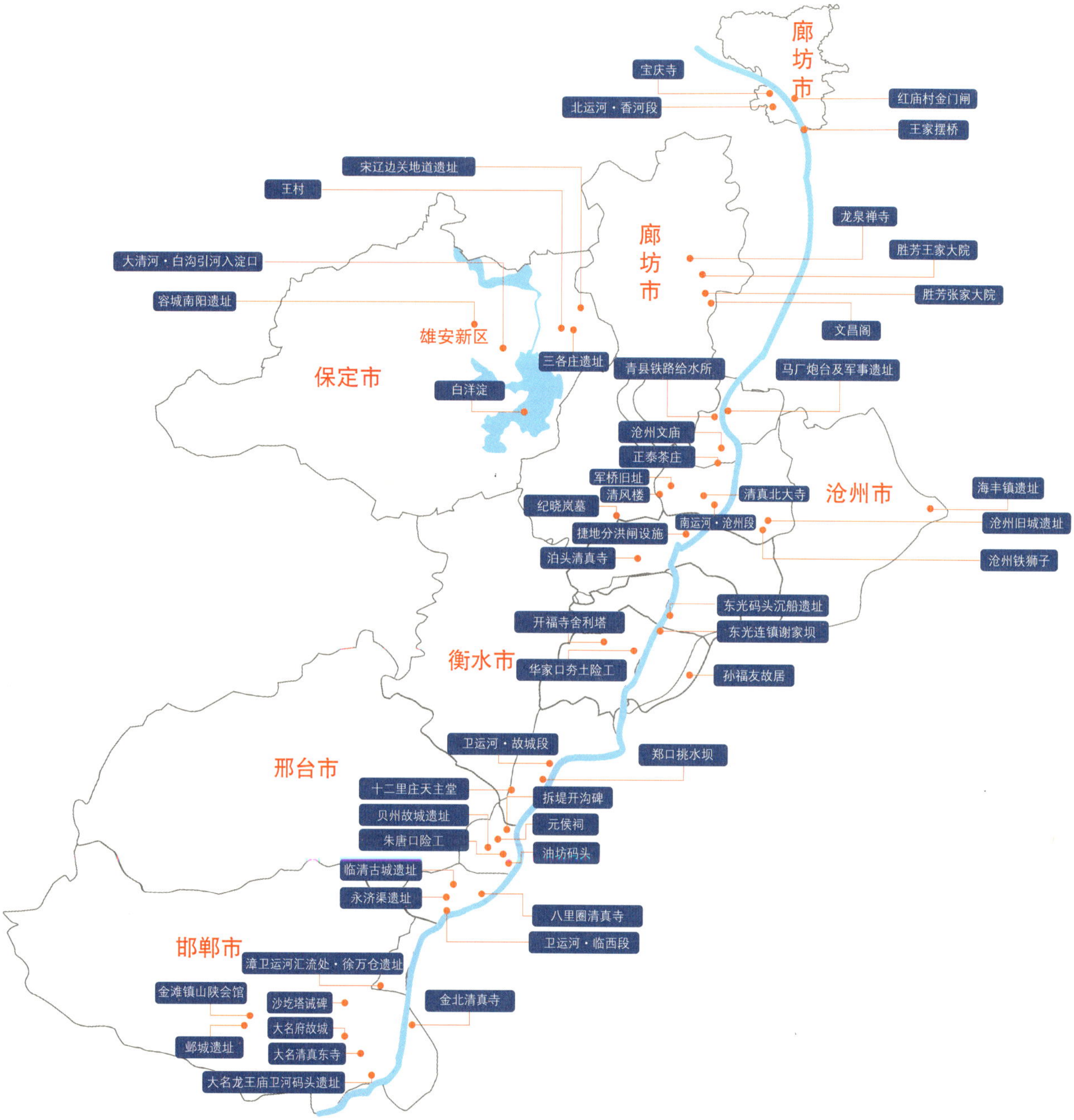

河北大运河文化遗存调研点全图

前言

党中央、国务院高度重视大运河文化保护、传承、利用，习近平总书记多次发表重要讲话、做出重要指示，强调“大运河是祖先留给我们的宝贵遗产，是流动的文化，要统筹保护好、传承好、利用好”。河北省委、省政府坚决贯彻落实总书记指示精神，多次召开省委常委会、专题会进行研究部署，深入沧州、廊坊等地实地调研，指出规划建设大运河文化带既是一项重要的政治任务，也是保护历史文化、改善生态环境、推动高质量发展的宝贵机遇，必须坚定不移落实到位。2021 年，河北省在政府工作报告中提出，要加强文物资源发掘和保护，推进长城、大运河国家文化公园建设。国家、河北省对运河文化保护、传承、利用的指导意见，为我们开展河北大运河文化遗存调研工作提供了遵循。

大运河萌芽于春秋，形成于隋代，兴盛于唐宋，取直于元代，疏通于明清，是世界上里程最长、工程最大的古代运河，也是最古老的运河之一，与长城、坎儿井并称为中国古代的三项伟大工程。滔滔奔流 2500 多年，纵贯南北 1747 公里，沟通海河、黄河、淮河、长江、钱塘江五大水系，流经北京、天津、河北、山东、河南、安徽、江苏、浙江等 8 个省市，不仅是古代中国连接南北方的水路大动脉，还是一条流动的文化之河，是中华民族活着的、流动的精神家园。大运河河北段主要包括北运河、南运河、卫运河、卫河及永济渠遗址，并包括按照国家规划统一纳入的雄安新区白洋淀与大运河连通部分，河道总长 530 余公里，流经廊坊、沧州、衡水、邢台、邯郸及雄安新区五市一区的 21 个县（区、市）。

由河北省发展和改革委员会与河北大学共建的河北省大运河文化产业研究院于 2021 年 6 月成立，研究院为赋予大运河文化更具时代特征的传播展示路径，做大做强大运河这一中华文化重要标识，推动创造性转化和创新性发展，探索新时代文物和文化资源保护、传承、利用新路，延续壮美运河的千年神韵，深入挖掘河北大运河文化内涵，获得大运河沿线文化遗存现状的真实资料，特编纂《河北大运河文化图谱》。河北省大运河文化产业研究院前期调研课题组，实地考察走访了大运河河北段相关重点流经区域，调查整理相关文字、图片资料，为《河北大运河文化图谱》的编纂提供了扎实的一手数据。

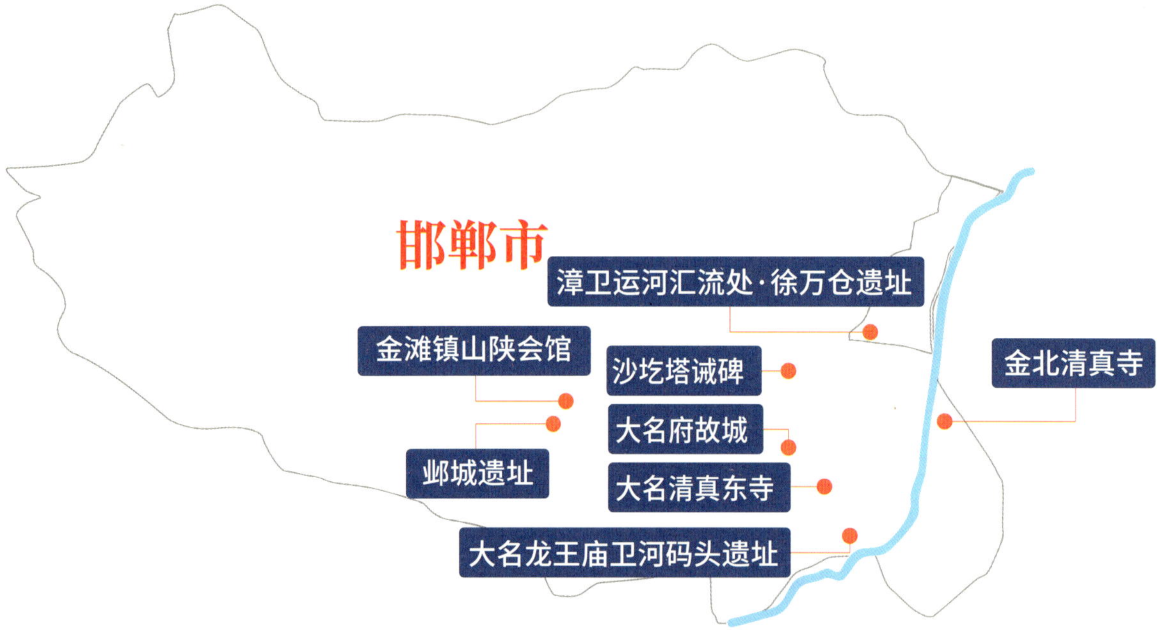
邯郸市
漳卫运河汇流处·徐万仓遗址
金滩镇山陕会馆
沙圪塔诫碑
金北清真寺
大名府故城
邺城遗址
大名清真东寺
大名龙王庙卫河码头遗址

河北大运河·邯郸段概况简介

大运河邯郸段是中国古代运河的肇始地之一。邯郸市地处河北省南段冀南平原，西依靠太行山脉，东临滏阳河，并接华北平原。大运河邯郸段历史上曾屡经变迁，东汉末年称白沟，隋唐时期以永济渠、御水、淇水互称，宋、金、元时期多称御河，明清时期称卫河，今称卫运河或漳卫运河。邯郸境内现存大运河部分主要流经邯郸东南部魏县、大名、馆陶等地。始于东汉末年，延续至今的邯郸运河文化，在中国大运河文化体系中占据重要地位。

河北省大运河文化产业研究院课题组走访调研了邯郸境内大运河文化遗存采集点8处，分别为漳卫运河汇流处·徐万仓遗址、大名龙王庙卫河码头遗址、金北清真寺、大名府故城、大名清真东寺、金滩镇山陕会馆、邺城遗址、沙圪塔诫碑，搜集资料现汇编成册，以供查阅。

目录

漳卫运河汇流处
徐万仓遗址

第一部分　文化遗产立档表

漳卫运河汇流处·徐万仓遗址		
档案号：HD001		建档时间：2022 年 2 月
编号	**项目**	**内容**
1	级别认定	世界文化遗产
2	保护单位	邯郸市馆陶县
3	简介	明代以前，漳水过馆陶，流线大致沿老沙河、蔡口渠、卫西干渠下端宋尔庄一带进入临西县，在不同地点入运河，并在衡水汇入黄河“北流”。明正德年间，漳河支流决堤改道魏县阎家渡入卫河，以后又分别在不同时期在魏县的双井渡、回龙镇，安阳的吕村，内黄的石村入卫河；漳河支流在肥乡入滏阳河，在广宗入滹沱河，在青县入运河。直到清康熙三十六年六月初九（1697 年 7 月 26 日），漳水又在馆陶孙庄入卫河。在此期间几经淤塞、疏浚、决堤、改道，使漳河水在孙庄入卫时流时断，断断续续流经了 400 多年，其间有 100 多年没有流经馆陶。 清代末年，卫运河上粮船众多，徐万仓为重要粮食码头，大量商人在此会聚，修建了很多仓廒，所以称“徐万仓”。徐万仓位于运河大堤之下，甚至在运河的水平面以下，所以需要大堤的遮蔽与掩护以防范水灾。 1942 年，漳河自魏县南尚村改道后在馆陶县徐万仓入卫河，形成了今天与卫河合流汇入卫运河的形势。中华人民共和国成立后，人民政府重视河道的治理，在漳河上游修水库，大搞水土保持，在下游疏浚河道、加固堤防、修建险工等措施，大大提高了漳河的防洪能力。1956 年和 1963 年罕见的洪水使大堤漫溢决口，但口门很快被堵复，难以驯服的漳河自此再没有改道迁移。目前，漳河、卫河在河北省馆陶县徐万仓村交汇之处，因为是卫运河的起点，因此成为河北大运河重要文化遗址点。
4	文化遗产类型	物质文化遗产 / 运河本体类
5	图录精粹索引	A- 全貌 ························（A-1 ～ A-3） B- 局部 ························（B-1 ～ B-7）

A- 全貌

第二部分　文化遗产图录精粹

A-1　漳卫运河汇流处·徐万仓遗址鸟瞰

A-2　漳卫运河汇流处·徐万仓遗址鸟瞰

A-3　漳卫运河汇流处·徐万仓遗址鸟瞰

B- 局部

B-1　局部滩地

B-2　局部滩地

B-3　局部滩地

B-4　局部滩地

B-5　局部滩地

B-6 局部滩地

B-7 局部滩地

第三部分　文化遗产研究报告

两河交汇见粮仓
——漳卫运河汇流处·徐万仓遗址

一、历史文献记载

卫河的历史悠久，东汉末年诸国混战时，曹操攻下浚县，并于次年开凿白沟，此后又在黄河以北兴建了一系列沟渠工程，已形成黄河北岸重要的水路交通网，使大量物资得以通过水路运往北方，满足了曹魏时期都城邺城的消费及军事需求。608年，隋炀帝开永济渠，引沁水东北流，会清水至今浚县西，入白沟，构成永济渠，形成沟通南北的大运河。“隋代以后，水路上达百泉，下抵天津，水中帆樯林立，三百万民船，四时畅行，南粮北运，津货南来。”大运河繁荣了沿河一带经济的发展，形成了许多著名的商埠码头。

北宋时期，永济渠总的名称为御河。御河南自卫州东北经内黄县、洹水、馆陶、永济、临清、将陵至乾宁军（今河北青县），与潮河汇合后入海。明代时，由于其流经的地方多在春秋时的卫国，所以御河改称卫河。

漳河上游由两河合一，一为清漳河，一为浊漳河，下游作为界河在经过区段划分河北省与河南省边界，到河北省邯郸市馆陶县合流卫河，称漳卫河。漳河流经3省4市共21个县（市、区），长400余公里，流域面积为1.82万平方公里，其中馆陶县境内长4.2公里。

漳河，古称衡漳、衡水。衡者横也，意指古代漳河迁徙无常，不可制约。漳河最早出现在历史记载中，是在《尚书·禹贡》中对大禹治水时黄河流经路线的记载：“北过降水，至于大陆。”降水即漳河，古代的漳河因受黄河的影响而多次变迁。公元8年（西汉末年）以前，漳河属于黄河水系，以后因黄河南徙，纳入海河水系。北魏时，魏将阿难自曲周县西15公里处引漳水，经曲周、馆陶境，通白沟开挖成阿难渠，在曹操开凿利漕渠的基础上，阿难渠既发展了灌溉，又调剂了漳河与白沟的水量，更有利于漕运。利漕渠、阿难渠，这两项水利工程是馆陶县有记载以来最早的人工开挖的水利工程，也是第一次由人工把漳水顺着渠系引进了馆陶县境的工程。隋代，漳河因流经黄河宿胥故道多年，由于河水含沙量大，下游淤积严重，造成河槽摆动不定，徙移无常。这时候的漳河流道大致可分为三支，亦称三道。一支入滏阳河，称北道；一支入运河（永济渠），称中道；一支入卫河，称南道。

金代，黄河夺淮入海以后，在华北平原留下了高出地面的黄河故道，加之漳河含沙量大，将淀泊淤成平陆，河水盛涨，泄水受阻，致使漳河经常泛滥成灾而不可制约。清顺治九年（1652年）至光绪二十年（1894年）的242年间，漳河泛滥成灾40次，平均约6年一次。据《临漳县志》记载：“明嘉靖四十三年七月，渍曲周城西门；天启六年，水抵城下深丈余；崇祯三年夏决南堤，后几岁以为常。”据《元城（大名）县志》记载：“嘉靖三十六年（1557年），漳卫横流，泛滥于大名、南乐、魏、清、内黄等县境，人有构巢而栖者。”

历史上，漳河在馆陶入卫河有3个时期和3个地点。第一个时期是1300年至1697年。在孙庄，漳河南支流入卫河。元大德四年（1300年），为解决自金代黄河夺淮以后，卫河水量不足的问题，从临漳境内分引漳河一支，经成安、广平至馆陶县孙庄南入卫河，此流道120多年后淤塞，后又疏浚。明正德年间，漳河支流决堤改道魏县阎家渡入卫河。以后，漳河又分别在不同时期在魏县的双井渡、回龙镇，安阳的吕村，内黄的石村入卫河。在此期间几经淤塞、疏浚、决堤、改道，有100多年没有流经馆陶。直到清康熙三十六年（1697年），漳河又在馆陶孙庄入卫河。第二个时期是1708年至1942年，康熙四十七年（1708年），漳河全部由临漳经魏县过元城，由南馆陶入卫河。道光二年（1822年），漳河在安阳漫水下流，经大名、元城，过红花堤再次在南馆陶入卫河。第三个时期是1942年至今。漳河自魏县南尚村改道后，全漳在馆陶县徐万仓入卫河，形成了今天与卫河合流汇入卫运河的形势。

在漳河和卫河的汇合处有一个村庄，叫徐万仓。明清时期这里是皇粮装卸点，在岸边建有很多仓库，村名因此而得。“万仓”形象地体现出当时装卸工如工蚁般忙碌、运粮船摇橹待发的盛景。

二、相关传说

相传在很久以前，馆陶县徐万仓漳河、卫河交汇处有一个深不见底的潭坑，水面上常年都是滚滚不息的水漩涡，寒冷的冬天河面也没有封冻过，路过这里的船都非常小心谨慎。在这潭坑里出现过百十斤的大鲤鱼，也出现过大如锅盖的乌龟，还有一对金丝雀经常在潭坑的水面飞出飞入。生活在这里的人们都对这个神秘的潭坑有敬畏之心。后来，有两个盗宝的人路过徐万仓，他们商议抓住这对金丝雀，结果计划被住店的店主听去。店主按照那两人的计划，在三更半夜来到潭边把自己店中炸果子的箅子点着，急匆匆就向潭坑里走。潭水遇亮光便向两边迅速分开，店主恍惚间好似到了一个地下宫殿，正对着门有两只闪闪发光的金鸟。店主高兴地伸手去抓，两只鸟忽然之间上飞下窜，店主一会儿捉这只，一会儿又去追那只，满头大汗却哪只也没有捉住，眼看着手里的箅子快要烧完了，他便急急忙忙跑上了岸，两手空空地回家了。天亮之后，店主懊丧地把昨晚的经过一五一十向那两个人述说，其中一人气得满脸通红地说，箅子要拆开一根一根点才可以。从那以后，人们再也没有见过那两只金丝雀。

三、遗产现状调研

当前，政府重视河道的治理，在漳河上游修水库、保持水土，在下游疏浚河道、加固堤防、修建险工，这些措施大大提高了漳河的防洪能力，历史上难以驯服的漳河自此再没有改道迁移。徐万仓现存运河本体仍然完好，但水量较少，不具备通航能力。近年来，馆陶县高度重视历史文化遗产的保护传承和抢救工作，特别是在推进大运河文化带建设、老街保护性建设方面，编制了《馆陶县大运河文化带建设规划》，绘制了《馆陶县大运河重大工程、旅游景点分布图》，确定了“一廊、一带、两镇、多点”的发展思路，并且为进一步推动全县文化与旅游产业融合发展，制定了《馆陶县推进文化旅游融合发展实施方案》，整合大运河沿线旅游资源。

为筹建徐万仓遗址博物馆，馆陶县同邯郸市文保所积极沟通，将一处宅基进行全面拆除，用以建设大运河民俗文化博物馆，内部陈列与大运河漕运、粮仓、码头相关的生产、生活物品，陈述大运河文化。当地进行博物馆建筑设计和展陈工作，着力打造反映大运河文化的标志性工程，河道沿线进行绿化，河堤东岸种植花期较长的花草；建设 1～2 个粮仓模型，并在已发掘粮仓周围植树实施保护；挖掘百年古桑树文化，包装打造古桑故事，并对古桑四周设置高标准围挡实施保护。另外，当地全力打造美丽乡村，完善主街道、胡同、文化广场等基础设施。

四、文化价值探究

漳卫合流地，运河古渡口。大运河是中华民族奔流不息的血脉，是中华文明的重要标识。千百年来，卫运河堤坝蜿蜒、漫江碧透、波澜壮阔，堤内千帆竞发、百舸争流、漕运发达，堤外孕育、护佑了历史上粮草仓储重地、古渡口——徐万仓。从漳河入卫的过程来看，两河的交汇既经历了由于自然灾害引起的河道迁徙，也留下了为了保证河南漕粮运输的需要，人工干预、人工引流漳河之水的历史凭证。漳卫运河在很长的历史时期内，对促进中国南北经济、文化交流与发展起过重大作用。馆陶县为充分发挥漳卫河流地及徐万仓遗址的运河文化承载地作用，投资建设徐万仓大运河生态文化园，使其成为大运河邯郸段的重要文旅支撑点，持续滋养运河沿线人民。

大名龙王庙
卫河码头遗址

第一部分　文化遗产立档表

大名龙王庙卫河码头遗址		
档案号：HD002		建档时间：2022 年 2 月
编号	项目	内容
1	级别认定	邯郸市文物保护单位
2	保护单位	邯郸市大名县
3	简介	卫河在邯郸市大名县境内，河道长 48.5 公里，左堤长 38.3 公里，右堤长 31.79 公里，属于永济渠的中南段。唐代，大名称魏州，船桅云集、码头众多，江淮稻米、丝帛绸缎、日用杂品多由此处水路运输。金代曾再次疏浚运河。明代以后，河道由大名城西改道大名城东，即今卫河。明、清两代均对大运河进行了扩建，整修河道、堤坝，使沿线航运有很大发展。直到 20 世纪 50 年代，卫河航运仍然兴旺，70 年代末航运才停止。 在水患严重的古代，凡临大河，以建龙王庙祭祀为心安。相传，龙王能呼风唤雨，也能镇水抗旱，故在水乡之处多建龙王庙，百姓按年节习俗祭祀，祈求河事风调雨顺。大名龙王庙位于大名县龙王庙镇，龙王庙毗邻卫河河堤，目前仅余儿间小北房，正殿供奉龙王。
4	文化遗产类型	物质文化遗产 / 水利设施类
5	图录精粹索引	A- 全貌 ……………………… （A-1 ～ A-2） B- 局部 ……………………… （B-1 ～ B-15） C- 其他 ……………………… （C-1 ～ C-3）

A- 全貌

第二部分　文化遗产图录精粹

A-1　大名龙王庙卫河码头遗址鸟瞰

A-2 大名龙王庙卫河码头遗址鸟瞰

B- 局部

B-1 局部河道

B-2 局部河道

B-3　局部河道

B-4　岸堤

B-5　大桥

B-6　龙王庙旧址

B-7　龙王庙旧址

B-8　龙王庙外景

B-9　龙王庙主殿

B-10　龙王庙石碑

B-11　龙王庙石碑

B-12　龙王庙墙壁文字

B-13　龙王庙供奉神像

B-14　龙王庙供奉神像

B-15　龙王庙供奉佛像

C-其他

C-1 卫河龙王庙险工示意图

C-2 龙王庙险工碑

C-3 龙王庙卫河码头遗址碑

第三部分　文化遗产研究报告

镇水抗旱之所
——大名龙王庙卫河码头遗址

一、历史文献记载

龙王庙镇，顾名思义是因龙王庙而来。龙王庙镇在明代以前是大运河的一个渡口，起初仅有几个船夫搭草棚暂居，后来船夫全家迁居此地，并卖面食糊口。据说，有一年发大水，冲来一个木质龙王神像，人们认为这是天送河神，于是在卫河东岸为这尊神像修了一座庙宇，称之为龙王庙。过往船只走到此处都停舟登岸，祭拜祈求龙王护佑平安、一帆风顺，顺便在此歇脚打尖。由于龙王庙香火旺盛，人流络绎不绝，此地聚集而成村落，逐渐发展为大镇。地名由来还有另一说法。据民国二十三年（1934年）《大名县志》记载："城东南18里处有一个三角潭，方圆百亩，久而不涸，以为龙湫，建龙王庙于其上，后人定居，故名'龙王庙'。"明代，大名地区遇大旱，大名府的众多官员到龙王庙求雨，龙王庙一时名声大噪。

龙王庙镇位于大名县偏东南部，镇政府驻龙王庙三村，距县城9.6公里。龙王庙镇南与河南省南乐县接壤，东与埝头乡、县林场、孙甘店镇为邻，北与金滩镇相接，西北与大街镇相邻，正西与旧治乡毗邻，是冀、豫两省交界的黄金地带。明嘉靖九年（1530年）秋，漳河由响王口经回隆镇夺占卫河河道，于艾家口入卫河故道，卫河改由白水潭村东行，在岔河嘴折而南下，经龙王庙北行。进入清代，卫河南迁，自河南内黄县菜园村东流，在张二庄村南入魏县境，而后东北流经楼寺头村东和大康庄村北入大名县境，经白水潭村东、逯堤村南、高庄村北至龙王庙镇入今卫河北流金滩镇、营镇后入馆陶县境。卫河改道后龙王庙镇繁华起来。龙王庙镇古为水陆码头，商贾云集，百姓具有浓厚的经商意识，为大名早期集市名镇，大名县派县丞驻扎于此。民国时期，龙王庙有三景，即走路不见桥、铜狮一人高、一步三通碑。走路不见桥是指，龙王庙前的运河大桥两侧房屋密集，把大运河遮掩住了，人行桥上无过桥之感。铜狮一人高是指，龙王庙朱红大门上两个铜色狮子头饰物其高度加起来比普通人还高一截。一步三通碑是说，庙门侧墙上镶嵌着3通石碑，跨入庙门时也即跨过了3通碑。龙王庙村后因村大人多，按自南至北顺序，分为一、二、三、四村。龙王庙镇地处黄河故道，土壤以沙土、沙壤土为主，故道多，沙丘多，宜林土地面积大。

二、相关传说

莲池淫雨

莲池淫雨一景在龙王庙村东南、三角店村西北。莲池即莲花池，因早已改造成耕地，故而鲜为人知。《古今图书集成》载："莲花池，在县东二十里，上依重冈，下洌深泓，蒲草菱行，葳蕤可玩。今成腴壤矣。"《大名县地名资料汇编》载："驻地在龙王庙村，东邻黄河故道，四周高，中间洼，好像一个大池塘，有'莲花池'之称。"莲花池之所以又名三角淀，是因为这里是穆堤、李茂堤交汇处形成的一个三角洼地，历年积水，成为水潭，因此俗称三角淀。潭中种植有莲藕，故而又名莲花池。三角店村坐落在三角淀的东南角，因淀而得名。最迟在清初，莲花池已成耕地，莲池淫雨景状全无，唯有莲花池一名还在民间口耳相传。

三、遗产现状调研

目前，龙王庙院内高低不平，四周围墙仍有坍塌处，虽仍然为区域民间信仰宗教场所，但未有系统性保护，较多文化遗存保护情况不佳。近年来，龙王庙镇紧紧围绕国家大运河文化带建设，以卫河文化、民俗文化、红色文化等多种文化为支撑，以大运河休闲旅游、龙王庙古镇及一系列旅游特色村为载体，积极申报河北省历史文化名镇。2021年，龙王庙镇被评为"河北省民间文化艺术之乡"。大名县以此次命名为契机，深入挖掘民间文化艺术资源，开发文创产品，逐步打造丰富的民间文化艺术精品，健全民间文化艺术培训和传承体系。

四、文化价值探究

龙王，是道教神祇之一。相传，大龙王有4位，掌管四方之海，称四海龙王，小龙王可以存在于一切水域中。受中国传统文化影响，人们认为龙王可以掌管人间雨水，因此，在水旱灾害较多的地区常建龙王庙供奉。龙王庙镇紧傍大运河，其龙王庙的供奉反映了当地人对风调雨顺、水路平安的期盼。大名县龙王庙镇地处河北省东南端，古老的卫河自南向北穿境而过，独特的地理优势让龙王庙镇因卫河而立，因卫河而兴，更因卫河而发达。这座承载千年文化的历史名镇，宛如一颗璀璨的明珠镶嵌在冀、鲁、豫3省交界，是多样民俗文化的交汇处。

金北清真寺

第一部分　文化遗产立档表

金北清真寺		
档案号：HD003		建档时间：2022 年 2 月
编号	项目	内容
1	级别认定	邯郸市文物保护单位
2	保护单位	邯郸市大名县
3	简介	大名县金滩镇作为大运河大名段一个重要的运河渡口，深受大运河的影响，往来各民族人口众多。从元末明初开始，经过千年发展，逐渐形成数个回族村落，从而修建了多个清真寺。随着历史的变迁，金滩镇很多清真寺都受到了不同程度的损坏，而金北清真寺则为金滩镇保存最为完好的清真寺，矗立于大名县东北方的金滩镇金北村内。 金北村清真寺始建于元末明初时期，建有金北南清真寺、北清真寺、西清真寺和女清真寺，还有记录修建始末的石碑。1958 年，在当地进行水利工程建设时，石碑不慎丢失。西寺、女寺、北寺也相继不存在了。明清时期，对金北村清真寺进行了不同程度的修复。后来，在原寺规模的基础上，又增建了古棚出厦 10 间。1966 年至 1967 年，该寺庙被当作毛泽东思想学校使用。这一时期，主要对其带有宗教色彩的标志进行了五角星的替换，建筑的其他部分均未做改动，元代建筑风格得以完好保存下来。 1983 年至今，经过村民和政府的多次努力修缮，金北清真寺保存、使用状态极佳。1987 年被公布为县级文物保护单位，1995 年被公布为邯郸市第一批市级文物保护单位。
4	文化遗产类型	物质文化遗产 / 宗教类
5	图录精粹索引	A- 全貌 ……………………（A-1 ～ A-2） B- 局部 ……………………（B-1 ～ B-7）

A- 全貌

第二部分 文化遗产图录精粹

A-1 金北清真寺全景鸟瞰

A-2 金北清真寺全景鸟瞰

B- 局部

B-1 正门

B-2 礼拜堂

B-3 内部景观

B-4 内部景观

B-5　彩色装饰

B-6　彩色装饰

B-7　牌匾

第三部分　文化遗产研究报告

清真教坊
——金北清真寺

一、历史记载

大名作为中国历史名城，是一个以汉族为主体的多民族聚居地。作为回族人民进行宗教活动、社会活动的场所——清真寺，是大运河大名段独具特色的建筑类型之一。其建筑风格与中国传统古建筑风格差异不大，有着明显的宗教本土化倾向。大名县金滩镇作为大运河大名段一个重要的运河渡口，深受大运河的影响，往来各民族人口众多。从元末明初开始，经过千年发展，逐渐形成数个回族村落，从而修建了多个清真寺。经过历史的变迁，金滩镇很多清真寺都受到不同程度的损坏，而金北清真寺则为金滩镇保存最为完好的清真寺，矗立于大名县东北方的金滩镇金北村内。

金北清真寺始建于元末明初，之后进行过维修和增建，为典型的穆斯林建筑风格，是县境现存最早最完整的古代建筑群。金北清真寺的选址主要受大运河的影响。一方面，自隋代开通大运河以来，金滩镇一直为运河沿线的重要码头，来往官员、商人众多，吸引着各族人民在此进行居住和经商。在众多民族中，这里信奉伊斯兰教的回族民众最多，满足了修建清真寺的首要条件。另一方面，清真寺所处位置离金滩镇码头非常近，地理位置优越，便于乘坐船舶来此地的回族民众进行宗教活动。另外，清真寺处于金滩镇最繁华的青龙街上，街道上商铺林立，经济较为繁荣，有助于清真寺的发展。元、明、清不同时期，为方便对大运河大名段河道的疏通与漕运的管理，在此设置了多个衙署，所以街区治安较好，十分有利于清真寺的发展壮大。

金北清真寺内有一棵古槐树，树龄有400余年。在古槐旁立有石碑，碑上题有诗词：清真古寺有古槐，万年长青前人栽。风吹雨打俱不怕，真主赐悯永存在。

二、遗产现状调研

1983年至今，经过村民和政府的多次努力修缮，金北清真寺保存、使用状态极佳，目前仍然作为区域重要的宗教场所使用。礼拜殿为砖木结构，规模原来较大，寺后水塘现已被居民占用，南北两侧也被占用一部分。建筑主体采用砖木结构，琉璃装饰，顶部由3座连体攒尖顶组成，方砖铺地，蓝砖砌墙，建筑面积1500平方米。由该寺大门进入可见影壁墙，往里由东向西分别为古棚、礼拜堂、祭殿。古棚为四擦卷栅出廊，面阔3间，进深2间，古棚前有月台及垂带台阶。中部为硬山顶礼拜堂，礼拜堂位于寺内核心位置，坐西面东。祭殿分为前殿、中殿、后窑殿。其中，前殿为单檐卷棚顶，面阔3间，进深3间，六架梁前后出双步梁；中殿为单檐硬山顶，面阔3间，进深3间，七架梁前后出双步梁；后窑殿由3个尖顶悬山挑椽祭殿组成，中间为三角形攒尖，两侧为四角攒尖。礼拜堂总共由排列两侧的8根檐柱组成，进深约为21米，宽约12米，尺度开阔。

三、文化价值探究

明清时期大运河沿岸清真寺建筑的中国化特色，是当时伊斯兰教思想中国化[1]的外在体现，反映了伊斯兰文化与中国儒家文化的融合。这些清真寺既采用中国传统的建筑形式，同时也包含伊斯兰文化的特色，如在外部色彩上采用绿色或白色，甚至也会受到当地建筑文化的影响。金北清真寺建筑遗存为后人研究明清时期历史提供了珍贵的实物资料，同时对于研究历史上伊斯兰教的中国化也有重要的借鉴意义。金北清真寺同大名县诸多清真寺一样，在明清时期大运河沿岸建立，与当时大运河所带来的经济、文化交流密不可分。回顾历史，这些清真寺的创建过程与大运河的畅通、沿岸城市的飞速发展的过程基本同步，因此与大运河文化有着密切的联系，是大运河文化的组成部分，展现了大运河文化多元性、包容性特色。

1. 刘苏文：《“大运河与宗教文化”系列之七：明清时期大运河沿岸清真寺建筑的中国化特色》，《中国宗教》，2021年第1期。

大名府故城

第一部分　文化遗产立档表

大名府故城		
档案号：HD004		建档时间：2022年2月
编号	项目	内容
1	级别认定	世界文化遗产
2	保护单位	邯郸市大名县
3	简介	大名府故城，位于河北省邯郸市大名县城东北，以大街村、御营村、双台村3个村为中心，占地面积36平方公里，南北长3000米，东西宽1500米，内城为宫城，周长183公里，外城周长243公里。大名府故城历经东晋十六国至明代共9个朝代，是历代郡、州、府、路、道治所在地。大名府故城始建于东晋升平四年（360年），唐僖宗中和年间由魏博节度使乐彦祯就西城外旧堤筑罗城，周长40公里。 宋仁宗庆历二年（1042年），对大名城廊进行了增修，改名为北京。明建文三年（1401年），因漳、卫两河同时泛滥，大名府城被淹没。故城址现存两处重点保护区：府城墙遗址和大街遗址。大名府故城因系一次性水毁，保存完好，其建筑基址、宫舍布局、街区民房保存优于其他废弃的城池。 大名府故城有罗城、皇城、宫城三重城垣，南北呈对称状，东北、东南两角呈规整残缺一角，西北、西南不规则，狄仁杰祠堂碑在城内，碑北侧为一莲池。古城墙自孔庄村至南门口村之间，为东行向。南门口村东有一小河道，是漳河河道，前身是北宋、金、元时期的御河；铁窗口村是上水关，北门口村是下水关；铁窗口村东南地表保存一段城墙；红寺村、营庄之间断续有3段城墙，最长者约180米；南门口村、孔庄一段城墙遗存地表已不明显。
4	文化遗产类型	物质文化遗产 / 古遗址类
5	图录精粹索引	A- 全貌 ……………………（A-1 ～ A-4） B- 局部 ……………………（B-1 ～ B-19） C- 其他 ……………………（C-1 ～ C-16）

A- 全貌

第二部分　文化遗产图录精粹

A-1　大名府故城鸟瞰

A-2　大名府故城鸟瞰

A-3　大名府故城鸟瞰

A-4　大名府故城鸟瞰

B- 局部

B-1　北门城楼

B-2　北门城楼局部

B-3　北门城楼局部

B-4　北门城楼局部

B-5　重修大名府北门城楼碑记

B-6　东门城楼

B-7　东门城楼局部

B-8　南门城楼

B-9　南门城楼局部

B-10　西门城楼

B-11　西门城楼局部

B-12　护城河

B-13　护城河

B-14　老街遗存

B-15　老街遗存

B-16　老街遗存

B-17　大街镇标识牌

B-18　双台村局部场景

B-19　御营村局部场景

C- 其他

C-1　大名石刻博物馆

C-2　弘敬阁

C-3　馆藏石碑

C-4　馆藏石碑

C-5　五礼记碑文保碑

C-6　大名府故城文保碑

C-7　兴化寺遗址文保碑

C-8　善利关遗址碑

C-9　大名书院

C-10　王氏商铺遗址

C-11　大名天主堂文保碑

C-12　大名天主堂

C-13　卧龙槐

C-14　城隍庙遗址

C-15　重修大名府城隍庙功德碑记

C-16　城隍庙内景

第三部分　文化遗产研究报告

河朔重镇
——大名府故城

一、历史文献记载

1. 王兴，李亚：《邯郸大遗址》，石家庄：河北人民出版社，2013 年，第 348-352 页。

据文献[1]记载，大名府故城春秋时属卫，与齐、鲁接壤，为齐桓公所筑五城之一，时称五鹿城。后五鹿城崩，沙鹿城随之崛起。战国时代三家分晋后，属魏地，有文献载："魏文侯七年（公元前 439 年）始得邺地，改曰魏，复为邺。魏武侯以为别都，其子公子元食邑于此。"筑城郭，建馆舍，谓之元城，这是历史上大名府故城首次作为陪都出现的记载。此外，传说这里还是齐、魏马陵之战的古战场，是孙膑伏弩射杀庞涓处。西汉后期，这里是王莽故里、孝元皇后的故乡。当时，王氏一族显赫一方，王莽为保护其宗茔和财产安全，于故乡委粟里（今大名）耗巨资加筑汉堤以防黄河泛滥，后人称此堤为王莽金堤。大名府故城因王莽家族"家凡九侯五大司马，因以贵乡称之"，也正基于此。前燕建熙元年（360 年），修建贵乡郡城，时称贵乡郡。580 年，北周时改称魏州。

唐代是大名府的兴盛时期，大运河永济渠的开通，使大名府成为沟通河北与江淮地区的交通枢纽，大名府逐渐取代了邯郸和邺城区域中心城市的地位，成为黄河以北的政治、经济、文化中心。李白曾在唐玄宗天宝十一载(752 年)游历于此，受到贤乡县令韦良宰的盛情招待，特作诗一首《魏郡别苏明府因北游》盛赞当时大名繁荣景象：

魏都接燕赵，美女夸芙蓉。
淇水流碧玉，舟车日奔冲。

青楼夹两岸，万室喧歌钟。
天下称豪贵，游此每相逢。
六印虽未佩，轩车若飞龙。
黄金数百镒，白璧有几双。
散尽空掉臂，高歌赋还邛。
落魄乃如此，何人不相从？
远别隔两河，云山杳千重。
何时更杯酒，再得论心胸。

安史之乱后，唐王朝中央权力削弱，地方上形成割据的局面。唐肃宗在位时，在魏州设立了节度使，并置大都督府，魏州与成德、卢龙、淄青号称“河朔四镇”，魏州博居四镇之首。五代时期，魏州地位更有提高，无论政治还是经济，都堪称华北地区首屈一指。在政治上，后唐、后晋、后汉、后周时期，都曾于魏州置陪都，以提高魏州的地位。后唐同光元年（923 年），李存勖刚即皇帝位，就“诏升魏州为东京兴唐府，改元城县为兴唐县，贵乡县为广晋县”。同光三年“以雍州为西京，洛州为东都，并州为北都。近以魏州为东京，宜依旧以洛京为东都，魏州改为邺都，与北都并为次府”。后唐明宗天成四年（929 年），虽然“诏邺都仍旧为魏府”，取消了其陪都的地位，但后晋天福三年（938 年）又“升广晋府为邺都，置留守”，再次恢复了魏州城陪都的地位。后晋开运二年（945 年）一度又“诏邺都依旧为天雄军”，但从后周显德元年（954 年）后周太祖“诏废邺都依旧为天雄军，大名府在京兆府之下”看，魏州城在后汉时期和后周太祖时期又曾恢复陪都的地位。

宋代是大名府的鼎盛时期，其间大名府成为北方的政治、军事和商业中心。因为地理位置，这里是北宋对抗辽国的边陲重镇，也是当时河北最大的城市，故又号“河朔重镇”“北门锁钥”。宋仁宗庆历二年（1042 年）钦定此地名为北京，作为东京汴梁的陪都。北宋先后共设有东、西、南、北四京，为东京开封（今河南开封）、西京洛阳（今河南洛阳）、南京归德府（今河南商丘）、北京大名府（今河北大名）。《宋史》卷 85《地理志一》记载：“北京。庆历二年，建大名府为北京。宫城周三里一百九十八步，即真宗驻跸行宫。”在宰相吕夷简的亲自主持下，朝廷耗资巨万对大名府城改修外城，增建宫城，置百官，使宫殿“略如都城”，成为保卫京都汴梁的一道铜墙铁壁。北宋期间，大名府作为陪都 70 余年，为巩固北宋中央集权、抵御辽兵入侵起到重要作用。

元代这里称大名路，明、清两代仍为大名府。明洪武三十四年（1401年），因漳河、卫河洪水淹没故城，大名城废，同年在艾家口重建大名府（今大名）。这座名城从建造起共经历9个朝代，历时千年，有8次相当省级、10次相当地区级的行政机构设于此城，此城做过藩镇、国都或陪都，总管府、大都督府等重要军事机构都曾先后驻扎此城。这座古城虽已不复存在，但北京大名府的声誉至今仍广为传诵。

二、相关传说

大名府故城历史上曾多次遭遇水患，因此有诸多与水患相关的传说。

1. 神碑护城

在大名县有一通被称作“天下第一碑”的五礼记碑。传说，它是大名府城的镇城之宝，由具有灵性的巨龟驮负。大水淹不了它，泥土淤不住它。水涨碑涨，碑涨城涨；水落碑落，碑落城落。某年又发大水，河里来了一条泥鳅精，听说此碑能负城池，很不服气，多次想制服巨龟。然而不管如何兴风作浪，龟驮负着巨碑稳如泰山，岿然不动。于是，泥鳅精趁大龟打盹的时候，猛地一个泥鳅摆尾，把碑帽打落，碑帽径直砸中龟头。大龟忍受剧痛，支撑巨碑不倒，但终因元气大伤不堪重负，碑身毁倒，裂为9块，大水一下子就把大名府城冲毁了。

2. 妖龟毁城

《真武启圣记》一书中引用了“郑箭灭龟”的故事作为劝善的例子，从侧面表达了使大名免遭水患的美好愿望。故事的大意是说，北宋时，处于大名府地界的黄河第七堞有一妖龟，翻打坝基，冲毁城池，淹没良田。韩琦到大名府上任后，派郑圭巡查堞坝，只见“基址岩穴下，有一黑壳大龟，两目俱红，若或浮起，其浪湍急，坝索冲断”。郑圭看后称：“委是水怪，情知容易除灭。”圭备朝服弓箭，焚香祷告天曹，一箭果中。4个月后，“郑圭风涎候起，卒于廨宇，经两日还魂”。郑圭向韩琦细说这两日之详情，原来中箭的妖龟把郑圭告上阎罗殿，阎罗命二鬼带他到阴曹对证。被带到下界的郑圭遇到阳间供奉的真武神，得知此妖龟原是西番梦云城苑州的土地神，被遣往黄河第四堞，因“别无供养，遂化为妖龟，随水而上，至大宋界北京黄河第七堞，翻打坝基，损坏军民计一万来口”。真武神派符吏携一小龟与郑圭前往。阎罗知真情后，“遂急令检到制敕，指实虚，牵情罪，合加所犯，堕于江海，为推潮运砂四足无名水兽、无形饿鬼”。妖龟犹不服，只见符吏放出小龟，金光一闪，使妖龟“被光芒烁射为一块，更不转动，被圣龟挟散于虚空中，化为微尘”。郑圭因此还魂，从此，大名府城再也未遭水患，安然无事。

三、遗产现状调研

大名府宫城遗址位于河北省大名县大街乡双台村。现存的城墙遗址能看到明显的夯土层，土质坚硬，附近能随处看到瓷片、陶片及碎砖烂瓦。城墙表面种植农作物。随着近些年人们的保护意识提升，宫城城墙、城门被修复，古城路网被完善，古建筑得到有效保护，城内丰富的历史遗迹均得到有效保护，故城格局基本完整。经过多年考古勘探，初步确定了大名府故城的平面城市布局，由外城、内城、宫城三大框架组成，南北向城市中轴；基本探明了故城宫城四至、边长，宫城城墙、城壕形制、长度、宽度，城门的位置，宫城区内路径、水系、宫殿夯土台基的大体位置及分布范围；基本确定了“二道城”四至范围，城墙、城壕结构、长度、宽度，东、西、南、北4处豁口（疑似城门）的位置等情况。经过探查发现，宫城城垣为夯土版筑，形状呈不太规则的长方形，东垣和西垣略长，南垣和北垣略短。城垣的残存高度多在1米左右，从其平面连贯性较好这个方面来看，城垣的保存状况尚可。城垣上探出城门或疑似城门遗址共6处，其中南垣3处，东、西、北垣各1处。

近年来，邯郸市也在努力把文化旅游业纳入现代产业体系，打造区域文化旅游中心，挖掘深厚资源，创建大名府故城等国家考古遗址公园，加强历史文化名镇名村街区的保护利用，谋划建设国家级城市考古和保护基地。

四、文化价值探究

大名县从汉代以来的历史文物遗存十分丰富，如古河堤、石碑刻、古建筑、古墓葬等。故城遗址是具规模最大、文物价值最高的一处。大名府故城的历史命运与京杭大运河开凿、通航、改道的演变过程是密切相关的。在1000多年的城市发展历史中，大名府7次作为陪都，在古代城市发展中具有非常重要的地位。大名府故城的兴衰，见证了全国政治中心从中原向北京迁移的过程。故城遗址上现存的建筑遗址、生活遗址、瓷器文物是中华民族灿烂文化的宝贵结晶，对于研究中国历史、都城发展历史、瓷器文化等具有重要的意义。大名府故城作为北宋四京之一，是北宋时期城市建设的代表。与开封、洛阳、商丘相比，大名府故城原有格局破坏较小。大名府故城对研究宋代城市具有重要的考古价值，对其的发掘必将填补我国北宋都城考古的一项空白，为研究宋代城市提供重要的实证参考。另外，大名府故城对于提高大名县域旅游的文化品位、拓展当地旅游市场也会起到非常重要的作用。

大名县清真东寺管委会
大名县伊斯兰教协会

大名清真东寺

第一部分　文化遗产立档表

大名清真东寺		
档案号：HD005		建档时间：2022 年 2 月
编号	项目	内容
1	级别认定	无
2	保护单位	邯郸市大名县
3	简介	大名清真东寺，据《大名县志》乾隆本卷十八记载：“回教之礼拜寺，治城南关东小街一处，明正德己卯建，明万历二年、清雍正十年均有重修。”清真东寺位于大名府故城外，与运河遥相呼应，坐北朝南，北靠护城河，南临南关东街，占地面积 4000 平方米。寺内以中国宫殿式古典建筑的大殿为主体，整个院内的建筑都呈对称状，整齐肃穆。邦克楼、教长室、讲经室、水房子等应有尽有。全部建筑为一色青砖瓦房。房外有廊檐、匾额、楹联。寺大门为高台门楼，大匾上书有“清真寺”3 个大金字。门内左、右立着带碑楼的 3 方石碑。寺内有凉亭，亭墙镶嵌着石碑。二门内东面是对厅，西面是大殿。大殿由古棚、礼拜殿、瑶殿三部分组成。古棚内门窗前有左、右 5 方石碑，其中有明代正德年间大名知府金贤的碑记。院内有井，井上有亭，亭旁有槐抱榆古树 1 棵。
4	文化遗产类型	物质文化遗产 / 宗教类
5	图录精粹索引	A- 全貌 ························ （A-1 ～ A-2） B- 局部 ························ （B-1 ～ B-7） C- 其他 ························ （C-1 ～ C-9）

A- 全貌

A-1　大名清真东寺

第二部分　文化遗产图录精粹

A-2　大名清真东寺鸟瞰

B- 局部

B-1　大名清真东寺内门

B-2　大名清真东寺匾额

B-3　大名清真东寺局部

B-4　大名清真东寺局部

B-5 屋檐

B-6 新月标志

B-7 主殿内景

C- 其他

C-1 大名清真东寺牌匾

C-2 大名清真东寺牌匾

C-3 大名清真东寺牌匾

C-4　大名清真东寺牌匾

C-5　大名清真东寺牌匾

C-6　群碑

C-7　重建南关清真东寺碑记

C-8　纪念碑

C-9　重建清真寺大门纪念碑

第三部分　文化遗产研究报告

百年名寺
——大名清真东寺

一、历史记载

大名县南关东街清真古寺，坐北朝南，后临护城河。大名为中国历史名城，回族居住亦由来已久，县治大名镇南关辖 6 个村中，回族占总人口的 89%。大名清真东寺至今已有 470 余年的历史，是冀南最古老的清真寺。寺大殿外面有一棵槐抱榆古树，据当地人介绍，仅榆树就有 5 把粗细，而槐树的直径也在 1 米以上。古树的陪衬更使清真寺有庄重威严之感。

大名清真东寺是回族知名人士杨济民所建，《礼拜寺碑记》中有清真寺“其建于大名而主其教者杨济民也”的记载。大名清真东寺殿内有一“万岁牌”，上书“圣旨”两个金字，端端正正地放在特制的大红方桌上。据说，这“万岁牌”是清代康熙帝所赐，昭示任何官兵不准占居礼拜大殿和干涉礼拜活动，可见清真寺的地位之重要。

二、遗产现状调研

大名清真东寺全寺形状大体呈方形，南北稍长。清真寺大门是高台门楼，门楼上大匾书有“清真寺”3 个大金字。进大门后，左二右一立着带有碑楼的 3 方石碑。向里一座凉亭。凉亭西侧墙刻有建寺年代的碑记；东墙记着寺的阔步长尺。二门后东边是一座对厅，西边是礼拜大殿。在大殿门上挂着 3 块大匾，中间书曰：“礼拜清真”，两旁匾曰：“体认独真”和“惟静惟一”。当中楹联是:“九陌红尘飞不到;一心白水总无歧。”大殿以内的地面铺设木地板，板上铺盖金殿的一丈大苇席，席上是一块块整齐的毡垫，供跪拜用。大殿正面当中镶着一块10米见方大木牌，其上经文的意思是，礼拜者要一心一意拜真主，不要有私心杂念。大殿的西北角建有呼图白楼，是阿訇或伊玛目讲经的地方。其他建筑全为一色青砖瓦房，房外有廊檐、匾额，楹联很多，甚为可观。清真寺历经百年时间，也有部分的古老文化被侵蚀和损坏。经堂楼和寺大门在回族群众的维护下保存下来，成为历史的见证。

现存经堂楼8间、水房5间、讲堂4间、对厅5间、亡人用房4间、厨房2间、耳房2间、六角凉亭2座、大殿1座。大殿由古棚、礼拜殿和瑶殿三部分组成，占地面积200平方米。大名清真东寺仍然作为区域重要宗教场所使用，大名县伊斯兰教协会在此办公。

三、文化价值探究

位于大名故城南门外的清真东寺，在大名县域内是一大靓丽的景观。清真寺也称礼拜寺，是广大回族穆斯林进行宗教活动的场所和社会活动中心，负有举办经堂教育、传播宗教常识的使命。大名清真东寺在建筑风格上具有中国宫殿式古典建筑特征，即对称、协调、静穆、朴实、大方、有主体、有陪衬、自成系统。大名县历史悠久，依托大运河的交通便利，各路人才会聚在此成城，形成丰富多彩的宗教文化、民俗文化，大名清真东寺就是历史上回族人民政治、经济、文化的集中表现和建筑艺术的结晶。同时，清真东寺也是大运河带多民族融合和交流的有力证明，其存在使得大运河沿线文化内涵更加丰富。

協天大帝
山陝會舘
蹈和
展中
大義參天

金滩镇山陕会馆

第一部分　文化遗产立档表

金滩镇山陕会馆		
档案号：HD006		建档时间：2022 年 3 月
编号	项目	内容
1	级别认定	大名县文物保护单位
2	保护单位	邯郸市大名县
3	简介	金滩镇山陕会馆坐落于金滩镇东街路南，坐南向北。经多方调查，它的建筑风格、规模、设计图纸与聊城山陕会馆出于同一人之手，并同时开工建设。会馆始建于清乾隆八年（1743 年），竣工于嘉庆十四年（1809 年），前后历时 66 年，耗银近 10 万两。整个建筑包括山门、过楼、戏楼、夹楼、钟楼、鼓楼、南北看楼、关帝大殿、春秋阁等部分，共有亭台楼阁 160 多间，东西宽 40 多米，南北长近百米，总面积 4000 多平方米。
4	文化遗产类型	物质文化遗产 / 建筑类
5	图录精粹索引	A- 全貌 ……………………（A-1 ～ A-3） B- 局部 ……………………（B-1 ～ B-10） C- 其他 ……………………（C-1 ～ C-2）

A- 全貌

第二部分　文化遗产图录精粹

A-1　山陕会馆全景鸟瞰

A-2　山陕会馆全景鸟瞰

A-3　山陕会馆全景鸟瞰

B- 局部

B-1　山陕会馆大门

B-2　山陕会馆大门

B-3　牌匾

B-4　石狮

B-5　山陕会馆局部

B-6　旧屋

B-7　旧屋

B-8 会馆供奉关公神像

B-9 户部分司大门

B-10 郭隆真旧居

C- 其他

C-1　山陕会馆旧址简介牌

邯郸市市级文物保护单位
郭隆真故居
邯郸市人民政府2012年8月14日 公布
邯郸市人民政府2016年8月31日 立

C-2 郭隆真故居文保碑

第三部分　文化遗产研究报告

商贾云集
——金滩镇山陕会馆

一、历史文献记载

会馆，是明清时期各都市中由同乡或同业组成的封建性团体。始设于明代前期，嘉万时期会馆趋于兴盛，清代中期达到顶峰，会馆几乎遍设通都大邑，府、州、县、镇皆有设置。古时金滩镇东为沙麓山脉，山脉西侧曾是奔腾万里的黄河水，为避水患，古人择高而居，因而金滩镇起初就集村于紧邻卫河东岸的黄河大堤上。汉末开白沟以行漕运，金滩镇由于地处湾处河宽水深，且有古黄河大堤遮挡，成为过往船只的避风港，遂成为渡口码头，并且有了商贸交易，逐渐形成集市，优越的交通位置使这里成为水陆要冲。

金滩镇位于卫运河东岸，是大名一大水陆码头，东连齐鲁，西接太行。这里舟车交错、交易频繁、商贾稠密。明清以来，晋商称雄，陕、晋皆处太行以西，互为表里。凡在城邑大镇，陕、晋商旅集中之处，皆有山陕商会募集资金，建有山陕会馆，为山、陕二省商贾来往住宿、集会、洽谈业务之场所。金滩镇山陕会馆正是在这样的历史大背景下建成的。山西和陕西，一河之隔，自古就有“秦晋之好”的佳话。山陕会馆是两省商贾在金滩镇联乡谊、祭祀神明的处所。

清庚戌年乾隆八旬“万寿”时，全国各地有名的戏班都奉召进京演戏庆寿。南方有一个“二黄”徽班，从扬州乘船沿大运河北上，行至小滩镇，戏班老板之子突染疾病，随即停船靠岸，找到了著名中医郭老先生，经过3天精心治疗，老板之子病情基本痊愈。戏班老板为了感谢郭老先生的救命之恩和山陕会馆的热情款待，决定义演3场二黄戏作为回报。这3场戏是《空城计》《苏三起解》《打渔杀家》。演出3天来，轰动了百里城乡，山陕会馆内外人山人海，观众赞赏不已，叫好不绝。有儿歌为证：二黄戏班进京来，行至小滩生病灾。感谢郭家老先生，赠送二黄戏三台。

戏演完后，当地的评剧班老板和四平调班老板前去请教，恳请拜师。在山陕会馆馆主、商会会长的见证下，举行了拜师仪式。从此，两戏班合并为小滩镇二黄会戏班。二黄会戏班全班人马搬进山陕会馆，几个月内，不分昼夜，精心排练，有6出大戏排练成功，即《铡美案》《空城计》《打渔杀家》《游龙戏凤》《苏三起解》《武家坡》。戏班陆续在几十个城乡演出，唱响了黄、卫两岸，红极了直豫齐鲁。二黄会戏班在百年内已成为领军戏班，对小滩镇的漕运文化、漕运经济、集市贸易都起到了巨大的推动作用。

据《大名县志》记载，清同治年间礼部侍郎毛昶熙奉命赴河南督办团练事宜，轻舟微服沿大运河南下。行至大名府小滩镇，只见卫河东大堤上彩棚、旌旗林立，锣鼓喧天，唢呐、笛笙嘹亮悠扬，身着彩衣踏着高跷的巨人在前面蹿蹦跳跃，动作惊险而出奇，后面紧跟着花车、花船、跑驴、娃娃头队伍，五彩缤纷，活泼可爱。毛昶熙被眼前情景震惊，他停舟上岸，只见这里店铺林立、车水马龙、行人沸腾，商贾生意兴盛，日进斗金。小滩镇的知名乡绅及商会会长把毛昶熙请进了山陕会馆，热情款待。宴毕，商会会长恳请毛大人为本镇题字，毛昶熙欣然写下“金滩镇”，小镇遂得其名。

时至民国，战乱频仍，晋、陕商家零落萧条，山陕会馆渐渐废置。在全国会馆中，金滩镇山陕会馆的建筑面积不算很大，但是其精妙绝伦的建筑雕刻和绘画艺术却是国内罕见。

二、遗产现状调研

目前，山陕会馆现存修改后的山门1座，南屋正房5间，东、西厢房各3间，内部还存留柱础、门砧、石鼓、石狮子等建筑构件，内部主要供奉陕商较为崇拜的关公，体现其“尚义”思想，但神像保存状况较差，缺乏维修及保护。除山门处经过整修后保存相对完好，其余部分保护情况相对较差。金滩镇位居山东、河南、河北交界地，有“小香港”之誉。近年来，金滩镇以打造大名县域副中心和区域性中心为目标，努力争创国家级历史文化名镇。当地抢抓大运河文化带建设机遇，继续对运河古镇重要节点部位进行重点提升，打造集运河文化、红色文化等于一体的运河古镇。

三、文化价值探究

大运河是大名县的母亲河，不仅滋养着当地的百姓，也为后世留下了诸多文化遗产，积淀了厚重的人文气息，在科学保护、传承和利用中焕发出新的生机。商业文化是历史文化发展中不可忽略的文化代表，山陕会馆是儒家的文化思想、中国的传统道德理念与经营管理的理念相结合的商业文化载体。金滩镇自古地理区位重要、商业繁华，吸引了全国各地的商人前来经商。金滩镇山陕会馆汇聚了多省商贾，对于研究地域文化交融具有重要价值和意义，是运河沿线“文化图”中独特的一角。作为大运河漕运历史上繁盛的商业发展见证者，金滩镇山陕会馆是大名水陆码头商业发展的一个历史缩影和文化载体，地域性的特点为金滩镇山陕会馆增添了自身特色，以区别于其他地方的山陕会馆。

曹操

邺城遗址

第一部分　文化遗产立档表

<table>
<tr><th colspan="3">邺城遗址</th></tr>
<tr><td colspan="2">档案号：HD007</td><td>建档时间：2022 年 3 月</td></tr>
<tr><td>编号</td><td>项目</td><td>内容</td></tr>
<tr><td>1</td><td>级别认定</td><td>全国重点文物保护单位</td></tr>
<tr><td>2</td><td>保护单位</td><td>邯郸市临漳县</td></tr>
<tr><td>3</td><td>简介</td><td>邺城，古代著名都城。遗址范围包括今河北临漳县西（邺北城、邺南城遗址等）、河南安阳市北郊（曹操高陵等）一带。遗址主体位于河北省临漳县境内，县城西南 20 公里处的漳河岸畔，南距安阳市 18 公里，北距邯郸市 40 余公里。始筑于春秋齐桓公时。东汉末年，曹操击败袁绍，占据邺城，营建王都。邺城先后为曹魏、后赵、冉魏、前燕、东魏、北齐六朝都城，居黄河流域政治、经济、军事、文化中心长达 4 个世纪之久。
据文献记载，邺城平面呈长方形，东西长 3.5 公里，南北宽 2.5 公里。有两重城垣：郭城和宫城。郭城有 7 座城门（南面 3 座，东、西各 1 座，北面 2 座）；城中有一条东西干道连通东、西两城门，将全城分成南、北两部分。干道以北地区为统治阶层所用地区，正中为宫城，内有举行典仪用的建筑和广场。宫城以东为宫殿、官署。官署东为戚里，是王室、贵族的居住地区。宫城以西为禁苑——铜雀园，其中有粮仓、武器库和马厩；园西北隅凭借城墙加高筑成铜雀、金凤、冰井等 3 台，平时供游览和检阅城外军马演习之用，战时作为城防要塞。东西干道以南为一般居住区，划分为若干坊里；3 条南北向干道分别通向南面 3 座城门，中轴线大道北通宫城的北门——端门。城的东门外为对外交往和设市之地，迎宾馆——建安驿设于此。邺城的西门外有大片皇家苑囿和水面，曹操曾在此操练水军。为供城市用水，引漳河水从铜雀 3 台下流入宫禁地区，一部分河水分流至坊里区，从东门附近流出城外。
邺城继承了战国时期以宫城为中心的规划思想，改进了汉代长安宫城与闾里相参、布局松散的状况。邺城是一个功能分区明确、结构严谨的城市，主要道路正对城门，干道丁字形相交于宫门前，将中国古代一般建筑群的中轴线对称的布局手法扩大应用于整个城市。这种布局形式对此后的都城规划（如唐长安城等）有很大影响。</td></tr>
<tr><td>4</td><td>文化遗产类型</td><td>物质文化遗产 / 古遗址类</td></tr>
<tr><td>5</td><td>图录精粹索引</td><td>A- 全貌 ……………………（A-1 ～ A-3）
B- 局部 ……………………（B-1 ～ B-9）
C- 其他 ……………………（C-1 ～ C-21）</td></tr>
</table>

A- 全貌

第二部分　文化遗产图录精粹

A-1　邺城遗址全景鸟瞰

A-2 邺城遗址鸟瞰

A-3　邺城遗址鸟瞰

B- 局部

B-1　大门

B-2　曹操雕像

B-3　城楼

B 4　城楼

B-5　门

B-6　金凤台遗址

B-7　金凤台遗址

B-8　主题雕塑

B-9　主题雕塑

C- 其他

C-1　铜雀三台遗址公园简介牌

C-2　牌匾

C-3 石雕

C-4 石雕

C-5　石雕

C-6　石雕

C-7　石雕

C-8　石雕

C-9　石碑

C-10　石碑

C-11　雕画

C-12　雕塑

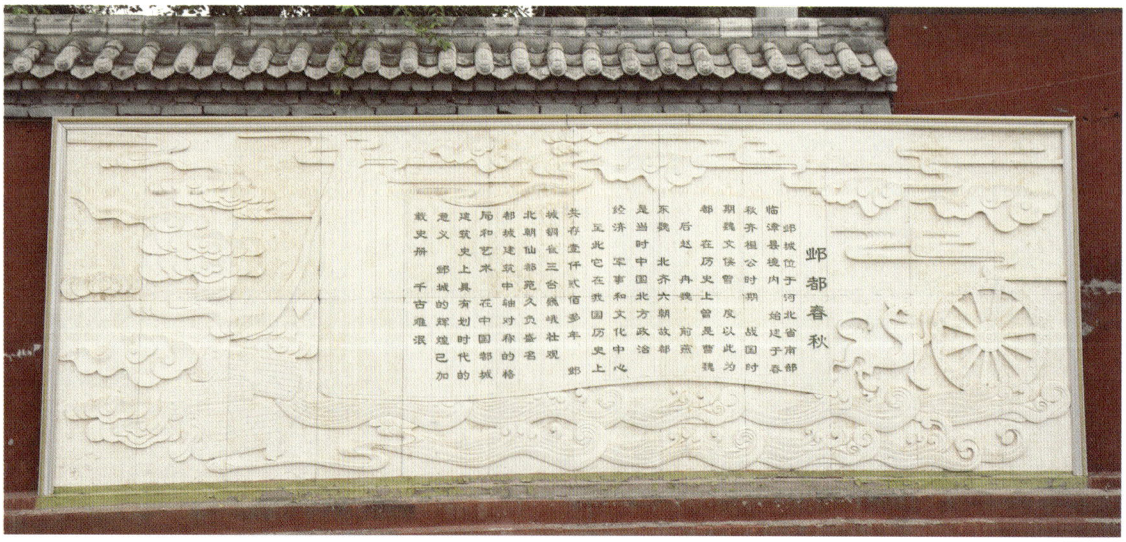

C-13　石刻

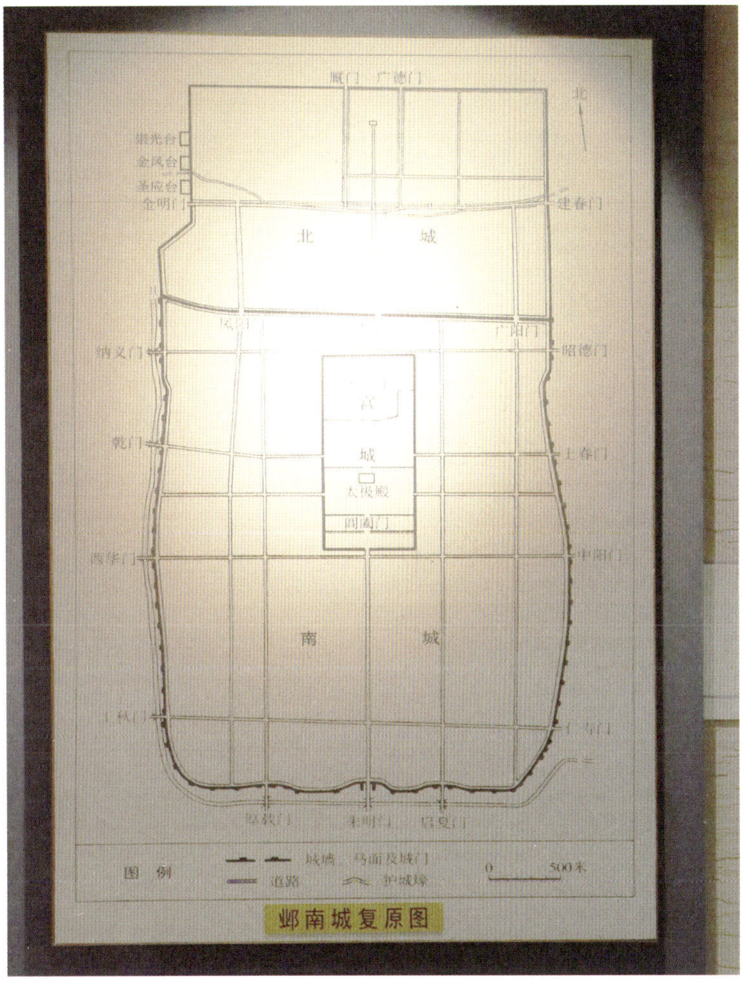

C-14 邺南城复原图

C-15 人面瓦

C-16　出土相关文物

C-17　出土相关文物

C-18　出土相关文物

C-19　出土相关文物

C-20　邺城遗址文保碑

C-21　临漳遗址立碑

第三部分　文化遗产研究报告

六朝古都
——邺城遗址

一、历史文献记载

“邺”之名始于黄帝之孙颛顼的孙女女修之子大业始居地。邺，业之居住地之意。邺城一带早在尧、虞、舜及夏时属冀州，商属畿内名相，西周属卫，春秋属晋。齐桓公始筑邺城，《管子·小匡》载：“筑五鹿、中牟、邺、盖与、牡丘，以卫诸夏之地，所以示劝于中国也。”这是历史上对邺城最早的记述。战国属魏，魏文侯以邺城作为陪都。秦并天下后，邺属邯郸郡。

西汉高祖置邺县，汉、魏、南北朝时期都设置邺县，而且治所一直在邺城。两汉、三国时期的邺县含今临漳县南部和安阳县北半部。据《后汉书·郡国志》记载，东汉时，邺县曾扩大至今河北省磁县。《北齐书·路去病传》曾有“邺、临漳、成安三县同治邺城”的记载。东汉末年，曹操击败袁绍进占邺城，营建邺都。邺城自此成为曹魏、后赵、冉魏、前燕、东魏、北齐六朝都城，所以临漳有“三国故地，六朝古都”之美誉。邺城的多次兴建，大量建筑材料是经白沟运来的。据明代嘉靖《彰德府志》卷八《邺都宫室》记载：“采济北谷城山文石筑太武殿。”济北谷城山在今山东平阳县西南，临济水，因此石材应是由济水入河，经白沟运至邺下。另据《晋书·石季龙传》记载，东晋咸康二年（336年），“使牙门将张弥徙洛阳钟虡、九龙、翁仲、铜驼、飞廉于邺……造万斛舟以渡之，……运至邺”。

曹操踞邺后从国计民生和统一北方的大业出发，积极兴修水利、发展农业，大力推行屯田制，使邺城一带农业生产得到迅速恢复，使饱受战乱的百姓得以休养生息。西晋左思在《魏都赋》中描写了当时邺城的繁荣景象：

“廓三市而开廛，籍平逵而九达。班列肆以兼罗，设阛阓以襟带……”这也是历史上邺城第一次大规模的建设。曹操在邺城期间建设苑囿，其中铜雀台、金凤台、冰井台就是标志性建筑，3台位于邺城西部城垣，一字排开，气势宏伟。台成后，曹操携子与文人墨客在此饮宴题诗。其中尤以曹植的《登台赋》文采飞扬。

从明后之嬉游兮，聊登台以娱情。
见太府之广开兮，观圣德之所营。
建高殿之嵯峨兮，浮双阙乎太清。
立冲天之华观兮，连飞阁乎西城。
临漳川之长流兮，望园果之滋荣。
仰春风之和穆兮，听百鸟之悲鸣。
天功恒其既立兮，家愿得而获逞。
扬仁化于宇内兮，尽肃恭于上京。
虽桓文之为盛兮，岂足方乎圣明。
休矣美矣！惠泽远扬。
翼佐我皇家兮，宁彼四方。
同天地之矩量兮，齐日月之辉光。
永尊贵而无极兮，等年寿于东王。

西晋建兴二年（314年）为避愍帝司马邺讳易名，因北临漳河而得名“临漳”。后北魏重新置邺县，属相州魏郡。东魏又置临漳县。北齐、北周至隋，分置邺县、临漳县，隶属相州。十六国时，后赵石虎将都城从襄国（今河北邢台西南）迁至邺城，改太守为魏尹，在曹魏邺城的基础上进行了第二次大规模建设，将城门和三台建筑饰表以砖，并每百步建箭楼。此后汉人冉闵建立魏国，亦都于此。前燕慕容灭冉魏，初都于蓟（今北京），后亦迁都于邺。前秦苻坚曾以王猛为冀州牧，居邺。北魏孝文帝立相州，以邺为州治。东魏天平元年（534年），高欢入洛阳，立孝敬帝，迁都于邺，并荡阴入邺县、长乐入临漳县，这是邺城历史上的第三次大规模建设。北齐亦建都于此，改魏尹为清都尹。

北周武帝建德六年（577年），灭北齐，改邺为相州魏郡治所。北周静帝大象二年（580年），大丞相杨坚企图代周之际，相州总管尉迟迥从邺起兵讨伐失败，杨坚下令拆毁古邺城，一代名都成为废墟。所有邺城百姓连同相州、魏郡、邺县三级政府一律迁到18公里外的安阳城，那些曾经参与修建古邺城的匠人，则被抓去修建长安城，安阳亦称邺。

二、相关传说

西门豹治邺

魏文侯时期，西门豹出任邺令。他到邺县，会集了地方上德高望重的人，问他们有何难处。这些人说："苦于给河伯娶媳妇，因为这个缘故，本地民穷财尽。"西门豹问这是怎么回事，这些人回答说："邺县的三老、廷掾每年都要向老百姓征收赋税、搜刮钱财，收取的这笔钱有几百万，他们只用其中的二三十万为河伯娶媳妇，而和巫祝一同分那剩余的钱。到了为河伯娶媳妇的时候，女巫各处巡查小户人家的漂亮女子，看中之后马上下聘礼娶去。给她做新的丝绸花衣，让她独自居住并沐浴斋戒；并为此在河边上给河伯新娘做好供闲居斋戒用的房子，张挂起赤黄色和大红色的绸帐，这个女子就住在那里面。这样经过十几天，大家又一起装饰点缀好那个像嫁女儿一样的床铺枕席，让这个女子坐在上面，然后把它浮到河中。起初在水面上漂浮着，漂了几十里便沉没了。一些有漂亮女子的人家大多已经带着自己的女儿逃跑了。也因为这个缘故，城里越来越空荡无人，以致更加贫困。老百姓中间流传着不给河伯娶媳妇就会大水泛滥，把百姓都淹死的说法。"

又到了为河伯娶媳妇的日子，西门豹到河边，三老、官员、有钱有势的人、地方上的父老也都会集在此，来看热闹的老百姓也有两三千人。女巫已经70多岁，身后女弟子有十来人，都身穿丝绸的单衣。西门豹说："叫河伯的媳妇过来，我看看她长得漂亮不漂亮。"人们马上扶着一个女子出了帷帐，走到西门豹面前。西门豹看了看这个女子，回头对三老、巫祝、父老们说："这个女子不漂亮，麻烦大巫婆为我到河里去禀报河伯，需要重新找一个漂亮的女子，迟几天送她去。"就叫差役们一齐抱起大巫婆，把她抛到河中。过了一会儿，西门豹说："巫婆为什么去这么久？叫她弟子去催催她！"又把她的一个弟子抛到河中。又过了一会儿，西门豹说："这个弟子为什么也这么久？再派一个人去催催她们！"又抛一个弟子到河中。西门豹说："巫婆、弟子，这些都是女人，不能把事情说清楚。请三老替我去说明情况。"又把三老抛到河中。西门豹弯着腰，恭恭敬敬面对着河站着，等了很久。长老、廷掾等在旁边都惊慌害怕。西门豹说："巫婆、三老都不回来，怎么办？"西门豹说想再派一个廷掾或者长老到河里去催他们。长老、廷掾听了吓得在地上叩头，额头上的血流了一地，脸色像死灰一样。西门豹说："看样子河伯留客要留很久，你们都散了吧，离开这儿回家去吧。"邺县的官吏和老百姓都非常惊恐，从此以后，不敢再提起为河伯娶媳妇的事了。

三、遗产现状调研

临漳县以邺城遗址为基础，先后打造了一批文化旅游景点，复原遗迹部分原貌，让邺城历史能生动、形象、真实地展现出来，有效带动了当地旅游业的发展。邯郸现打造邺城遗址产业园，整合铜雀三台遗址公园、邺城博物馆、邺都文化园等资源，再现古邺风貌。邺城博物馆是已开放的一项文化工程，采用汉代建筑风格，位于邺城遗址保护范围以外，邺北城中轴线的北延长线上，距离邺北城的北城墙基址约380米，主要用于收藏和展示邺城出土文物，弘扬邺城历史文化，承担邺城历史研究和传播任务，兼做邺城考古工作站。同时，依托馆内文化资源，邺城博物馆还与多所大学和中国考古学会合作，建立研学实践基地。临漳县还积极开发特色文创产品，将文化资源优势逐步转变为文化产业优势。

近年来，临漳县成立了邺城遗址保护区建设领导小组，制定了《邺城遗址保护规划》和邺城国家考古遗址公园规划方案，构建了县、乡、村、组4级网格化保护格局，并在此基础上加快综合开发及文化传承的步伐，全力推进遗址的保护和利用。目前，邺城遗址已入选国家大遗址保护利用“十四五”专项规划。

四、文化价值探究

古都文明的薪火在这片土地上传承不断，邺城遗址孕育了博大精深的邺城文化脉系。作为我国南北朝时期重要的都城遗址，邺城是研究古代都城、建安文学、北朝文化的大型遗址，更是全国唯一没有被压在地下的都城遗址，其历史地位和考古价值极其重要。邺城遗址不仅在中国城市发展史上有独特地位，并且作为魏晋、南北朝的六朝古都，邺城在中国城市建筑史上也占有辉煌地位，堪称中国城市建筑的典范。邺城全城强调中轴安排，王宫、街道整齐对称，结构严谨，分区明显，这种布局方式承前启后，开创我国都城对称性布局的先河，首次体现了“先规划、后建设”的城市建设理念。它是东亚地区古代都城建设的样本，对后世长安、洛阳等古城建设乃至日本、韩国等东亚国家古都建设影响深远。

沙圪塔诚碑

第一部分　文化遗产立档表

沙圪塔诫碑		
档案号：HD008		建档时间：2022 年 3 月
编号	项目	内容
1	级别认定	河北省文物保护单位
2	保护单位	邯郸市大名县
3	简介	沙圪塔诫碑，青石质，座为龟座。碑首精雕二龙戏珠，额题“万古流传”4 字。碑刻行书全文及沙圪塔村民众姓名，碑文主记山东、直隶两省官府解决民众水利争端事宜。元城县（今大名县）沙圪塔村村北旧有一支河分流入卫河，对岸馆陶县孟良寨等村打一土埝拒水，致使两县常为扒埝与护埝引起争端，发生械斗。山东东昌府与直隶大名府联合派员实地办公，另开挖一新支河，但新支河雨季堵塞危害馆陶，士民上请两省官员，令其对新开支河“不修不毁、听其自废”。两县县令各据本省指令，分别刻碑告诫民众遵守。沙圪塔诫碑为元城县知县翁耀在沙圪塔村所立之碑，意为告诫村民遵守约定。
4	文化遗产类型	物质文化遗产 / 碑刻类
5	图录精粹索引	A- 全貌 ……………………（A-1 ～ A-2） B- 局部 ……………………（B-1 ～ B-4）

A- 全貌

A-1 沙圪塔诫碑

第二部分　文化遗产图录精粹

A-2　沙圪塔诫碑

B- 局部

B-1　沙圪塔诫碑局部

B-2　沙圪塔诫碑局部

B-3　沙圪塔诫碑局部

B-4　沙圪塔诫碑局部遗留痕迹

第三部分　文化遗产研究报告

水事诫碑
——沙圪塔诫碑

一、历史记载

沙圪塔诫碑立于清乾隆二十七年（1762 年），位于大名县沙圪塔乡沙圪塔村村北 300 米。沙圪塔村村北有一道东西走向的低洼地带，被称作河洼，原为黄河、漳河故道。河洼南岸矗立着这一通大石碑，顶部和两侧有砖砌的保护层，当地百姓称其为石碑楼。碑文记载了这一通石碑的来历。

清代初年，漳河流经沙圪塔村村北。由于对岸的山东省馆陶县孟良寨一带地势低洼，饱经水患，就在漳河北岸修筑了一道大堤，阻挡每年夏季的洪水。这道大堤保住了北岸，却使河水溢出河床流向南岸，淹没了良田。南岸沙圪塔一带的百姓就在晚上派人手持铁锨去扒堤，把北岸的大堤扒开口子，洪水北泄，南岸的良田得以保护。

北岸百姓发现大堤被扒，派人日夜守护，与扒堤的南岸百姓发生械斗。由于两岸分属两个省，地方官无法协调，只得上奏朝廷。乾隆十三年（1748 年），清政府委派直隶总督、山东总督亲临肇事地点处理纠纷。两个省的总督经过协商，做出“山东不打堤，直隶不扒堤，河水顺势而流”的仲裁意见，并立碑告诫两岸百姓。

二、遗产现状调研

水事诫碑迄今 200 余年，驮载石碑的赑屃失去头部。碑首有一小洞，有“江南蛮子盗宝”的故事。20 世纪 80 年代，保护石碑的碑楼出现坍塌，沙圪塔村村民自发保护并进行了维修。目前，仅余碑身一座，碑座、碑楼均已无存。

三、文化价值探究

自古以来，水利设施兴修中因涉及的利益方较广，若没有协调好各方利益主体的关系，出现纠纷的可能性较大。清代以后，随着社会生产力的发展，人口增加，土地开垦速度明显加快，水资源利用日益紧张，天灾更加剧了有关水资源的纠纷。水利不仅是农业社会的核心要素，而且也是地方社会建构的重要因素。大运河沿线水利设施兴建和修复，多是地方及民间自行兴修的小型灌溉渠道，更容易出现纠纷，沙圪塔诫碑记录了一场历史纠纷，其内容对考证漳河流域堤防工程起到补证作用，为研究水文情况及当时大名和馆陶管辖范围有着深远的意义。

图书在版编目（CIP）数据

河北大运河文化图谱．下部，邯郸卷 / 宋少俊，张浩然，杜浩编著．-- 保定 ：河北大学出版社，2023.1
ISBN 978-7-5666-2059-0

Ⅰ．①河… Ⅱ．①宋… ②张… ③杜… Ⅲ．①大运河－文化遗产－保护－邯郸－图谱 Ⅳ．① K928.42-64

中国版本图书馆 CIP 数据核字 (2022) 第 196436 号